우보천리 동행만리

한국콜마 창업주 윤동한 회장의 인문경영

우보천리 동행만리

牛 步 千 里 同 行 萬 里

윤동한 지음

가디언

우보천리 동행만리 인문경영

오래가는 것이 가장 빨리 가는 것입니다

'빨리빨리' 문화가 우리의 자랑이 된 지 오래됐습니다. 하기야 그 덕택에 경제도 발전했고 제조업은 세계 최상위권에 들어섰습니다. 그러나 과연 '빨리빨리' 문화가 좋기만 한지는 좀 생각해볼 일입니다.

저는 평소 자기 관리의 방법 중 하나로 '3추'를 자주 논합니다. 아무 것도 없을 때는 추격追擊을 해야 하고, 어느 정도 오르고 나서는 추월追越 당하지 않도록 조심해야 합니다. 또 일정한 반열에 오르고 나서는 추락墜落을 경계해야 합니다.

추격은 출발 구간에서,

추월은 중간 지점에서,

추락은 꼭대기에서 각각 그 의미가 있습니다.

그런데 지금 우리 사회는 어떤가요? 젊은이들은 추격조차 쉽지 않고, 30~40대는 추월에서, 장년층은 추락에서 고배를 마시고 있습니다. 어째 달려야 할 말馬들이 죄다 멈춘 느낌입니다.

특히 젊은 세대의 좌절과 불안이 역사 이래 가장 심한 듯싶어 염려스럽기도 합니다. 기업을 경영하고 대학에서 제자들을 가르치는 제 입장에서는 이런 상황이 달갑지만은 않습니다.

하지만 어느 구간에 서 있든 방향만 바르다면 목표를 실현할 수 있습니다. 단, 속도에 대한 욕심을 내려놓아야 합니다. 많은 사람이 좀처럼 '속도의 욕구'를 내려놓질 못합니다. 어쩌면 우리가 갖고 싶어 하는 것은 '성공'이 아니라 하루라도 빨리 얻고자 하는 '속도'의 성취감이 아닌지 모르겠습니다.

그렇다면 여기에 대해 한번 생각해 봐야 합니다. 과연 한 번에 대기업에 입성하고, 고속 승진을 하고 또 업계에서 내로라하는 인재가 되는 것이 선善이고 성공일까요? 빨리 올라가면 빨리 내려와야 하는 것이 세상의 이치입니다.

성공하려면 속도보다 방향이 중요하다는 말을 한 번쯤 들어봤을 겁니다. 저는 여기에 덧붙여서 방향보다 그 방향으로 향하는 방식이 더 중요하다고 전하고 싶습니다.

이제는 속도와 성과에만 신경 쓰느라 우리 손으로 밀쳐냈던 정도正道를 회복해야 할 때입니다. 여기에서 말하는 정도란, 자신이 하는 일, 그리고 이루고자 하는 꿈과 목표들이 원래 갖고 있던 속도를 지키며 앞으로 나가는 것을 말합니다.

여름이 좋다고 해서 봄이 되자마자 여름을 앞당기는 일은 자연의 섭리를 거스르는 행위입니다. 일도, 꿈도, 사람 마음을 얻는 일도 마찬가지입니다. 저마다 고유의 속도가 있기 마련입니다. 그러니 자신의 인생이 가진 속도에 대해 생각하는 시간을 갖기를 바랍니다.

경주는 남하고만 하는 것이 아니라 나 자신과의 싸움이기도 합니다. 42.195㎞를 달려야 하는 마라토너들의 이야기를 들어보면 가장 어려운 것이 '자신과의 싸움'이라고 합니다. 이렇듯 우리는 원래 자신의 인생이 가진 속도와도 경주해야 합니다.

제가 '속도를 경계하는 삶'을 말씀드리는 이유는 뒷걸음치지 않고 계속해서 내딛는 소걸음을 이길 수 있는 것은 없다는 깨달음 때문입니다. 만약 누군가 그동안 살면서 얻은 지혜 중 하나만 꼽으라고 한다면, 저는 '우보천리牛步千里의 힘'이라고 답할 것입니다. 소걸음으로 천 리를 간다는 뜻입니다. 토끼 걸음으로 백 리를 가는 삶보다 소걸음으로 천 리를 가는 삶이 더 큰 가치를 담아낸다는 믿음이 제게는 있습니다.

사다리, 엘리베이터, 탑, 소

여러분들에게 한 가지 수수께끼를 내겠습니다. 위 네 가지는 한 가지 공통점을 지니고 있습니다. 그것이 무엇일까요? 다양한 답이 나올 수 있겠으나, 저는 '갖고 싶지 않은 것들'이라고 생각합니다. 일반인들

우보천리 동행만리

이 보편적으로 필요로 하는 물건들이 아니니 썩 가지고 싶은 것들은 아닙니다. 한 가지 공통점이 더 있습니다.

사다리의 묘미는 '한번에 한 칸'이라는 법칙에 있습니다. 한 칸씩 내려오도록 만들어져 있기에 한번에 여러 칸을 이용할 수 없습니다. 엘리베이터라고 다를까요? 현대인이 추앙하는 '속도'만 장착했을 뿐 단계적으로 오르내리는 건 마찬가지입니다.

탑에 대해서 생각해 보면, 노자는 누대 즉 탑에 대해 이런 이야기를 남겼습니다.

合抱之木 生於毫末 (합포지목 생어호말)
九層之臺 起於累土 (구층지대 기어누토)
울창한 나무도 털끝만 한 싹에서 자라며,
아홉 층 누대도 작은 돌을 쌓아 올리는 데서 시작된다.

여기서 탑은 첫걸음을 의미합니다. 저는 이 말을 '우보천리'라는 말로 바꿔서 표현하고 싶습니다.

털끝만 한 싹
작은 돌
소걸음

한국콜마도 연구원들의 땀방울이 배어 있는 연구 노트와 논문으로 수십 년 동안 쌓아 올린 '연구 논문탑'을 세종 연구소에 세워뒀던 시절이 있습니다. 지금은 모든 연구자료를 데이터베이스로 구축했고, 연구 논문탑의 형상은 이미지화해 종합기술원 복도에 게시해 놓았죠. 처음에는 저를 포함해 세 명이 회사를 시작했는데, 이제는 연구원 600여 명이 연구개발에 매진하고 있습니다.

한 권의 노트는 곧 하나의 돌이며, 탑의 높이가 올라갈수록 한국콜마도 그만큼 성장하였습니다. 이것이 곧 우보천리의 힘입니다. 중간의 단계를 건너뛰지 않고 한 걸음 한 걸음 착실히 걸어야 천 리에 닿을 수 있습니다.

도토리의 미래가 떡갈나무가 되듯 돌멩이의 미래 역시 탑이 될 수 있습니다. 저는 인생도 마찬가지라고 생각합니다. 정도를 지키지 않고 요령을 피우면 언뜻 보기에는 일을 빨리 처리한 것처럼 보여도 실상은 그렇지 않습니다. 무조건 빨리하다 보면 결국에는 했던 일을 처음부터 다시 되풀이해야 할 수도 있습니다.

그렇다면 진정으로 빨리 가는 삶이란 무엇일까요? 오래가는 삶입니다. 오래가면 함께하는 사람들이 많아질 뿐만 아니라 다양한 경험을 쌓을 수 있습니다.

인생은 얼마나 빨리 이루었느냐보다 얼마나 많은 것을 담아냈느냐에 따라서 그 사람의 공적을 평가합니다.

2016년에 이 책을 썼습니다. 그리고 찾는 분들이 많아서 개정판을 준비하려고 했는데 시일이 꽤 걸렸습니다. 하지만 좀 더 많은 것을 헤아리고 살필 수 있는 시간도 되었기에 다양한 경험을 독자 여러분과 함께 생각해 보고자 다시 글을 정리해 보았습니다.

이 책을 읽는 여러분들도 우보천리의 삶을 지향해 나가길 바랍니다.

2023년 12월

윤동한

차례

2장
사람 경영 – 사람을 알면 경영이 보인다

3장
독서 경영 – 인문학이 경영 안으로 들어오다

4장
역사 경영 - 이순신에게서 경영철학을 배우다

1장

가치 경영

흔들리지 않는
삶의 기준을 세우다

不惑

인생의 중반전 즈음에 들어서면 더 이상 흔들리지 않는다고 하여 '불혹不惑'이라고 하지요. 그래도 여전히 마음이 갈피를 잡지 못하고 이리저리 흔들린다면, 그건 중심을 잡아야 할 기준 자체가 제대로 서 있지 않기 때문일 겁니다. 그럴 땐 자신의 꿈을 선택의 기준으로 삼으세요. 이때 꿈은 뭉툭한 추상명사가 아닙니다. 먹고살기 위해, 사랑하는 사람들을 지키기 위해, 일에 매달리고, 아주 모질게 자신을 단련시키던 와중에도 놓지 않은, 서늘하게 날이 서 있는 아주 현실적인 명사입니다. 마냥 미루거나 내버려두지 말고 오랜 시간 공들여 꿈의 윤곽선을 선명히 하세요. 더 이상 흔들리지 않게 됩니다.

흙수저가
적성에 맞습니다

가난이 언제 가장 아픈 줄 아시나요?

남보다 좋은 집, 좋은 옷을 갖지 못하고 맛있는 음식을 먹지 못할 때가 아닙니다. 공기나 물, 전기처럼 보통 사람들은 갖고 싶다는 생각조차들지 않는 것을 바라야 하는 그때가 가장 아픕니다. 하나를 얻기 위해나만 인생을 두 번 살아내는 억울함이 들기 때문입니다.

젊은이들이 취업 때문에 고통을 겪는 것도 먹고사는 문제가 걸려서이기도 하지만, 자기 일로 돈벌이하는 것은 누구나 취할 수 있는 '보편적 가치'라고 생각하기 때문입니다.

고등학교 2학년 가을, 대부분의 아이가 가는 수학여행을 포기한 적이 있습니다. 소중한 추억을 쌓을 기회라서 꼭 가고 싶었지만 그날 아침동생이 수업료 문제로 어머니와 언성을 높이는 광경을 본 터라 차마 수

학여행을 가겠다는 소리가 나오지 않았습니다.

"수학여행 안 가는 녀석들은 학교 목장에서 실습이 있다. 집에 있지 말고 등교해라."라는 선생님의 지시가 있어서 목장으로 등교했습니다. 말이 좋아 실습이지 목장 청소를 하고 젖소에게 먹이를 주는 봉사에 가까웠습니다.

'안 그래도 서러운데 목장 청소라니'라며 입이 나온 친구도 있었고, 젖소에게 장난칠 궁리만 하는 개구쟁이도 있었습니다. 정신없이 목장 청소를 하니 금세 점심시간이 되었습니다. 그때 처음 공장에서 가공하지 않은, 목장 우유라는 것을 마셨는데 맛이 달착지근하면서도 꽤 고소했습니다.

그런데 자꾸 저도 모르게 웃음이 삐죽삐죽 나기 시작했습니다. 분명 수학여행도 못 가고, 목장 청소를 하는 신세인데도 처음으로 집 밖에서 땀 흘리며 일을 해서 그런지 뿌듯함이 몰려왔습니다.

자발적 수용이
운명을 바꿉니다

그때 알았습니다. 가난은 선택할 수 없지만 상황은 선택할 수 있다는 것을. 나쁜 상황이라도 자발적으로 수용하면 얼마든지 상황이 긍정적으로 바뀔 수 있다는 것을 깨달은 겁니다. 남이 내게 강요하면 기분이 상하고, 더 이상 그 일에 몰두하고 싶지 않습니다. 하지만 내가 주도적으로 일을 꾸려간다면 기분이 상하지도 않을뿐더러 그 일이 주는 의미와

참맛을 느낄 수 있습니다.

이런 측면에서 '자발성'은 '꿈'만큼이나 삶의 중요한 연료가 됩니다.

누구나 한 번쯤 약속이 됐든 일이 됐든, 어떤 일을 하기 전의 기분과 마치고 나서의 기분이 크게 달랐던 적이 있을 겁니다. 분명 처음에는 하기 싫었는데 막상 하고 나니 꽤 의미 있었던 일이 있죠.

저는 이것이 경험의 미덕이라고 생각합니다. 너무 사소해서 아무것도 아니라고 생각했던 작은 경험들이 훗날 시간이 흐르면 삶에 큰 반향을 일으킬 만큼 의미 있는 흔적이 될 수 있기 때문입니다.

파스칼 메르시어Pascal Mercier의 소설 《리스본행 야간열차》를 보면 다음 같은 구절이 나옵니다.

> 요란한 사건만이 인생의 방향을 바꾸는 것이 아니다. 운명이 결정되는
> 드라마틱한 순간은 믿을 수 없을 만큼 사소하다.

한 사람의 인생을 바꾸는 결정적인 순간은 반드시 드라마틱한 사건과 함께 오는 것은 아닙니다. 어느 날 그야말로 갑자기 예기치 않은 만남을 통해 우연히 다가올 수도 있습니다.

큰 경험이나 사건만이 중요하다는 믿음을 갖기 쉬운데 이는 자칫 잘못하면 일상생활에서 얻을 수 있는 결정적 순간을 흘려보내게 합니다.

오감을 열어놓고 매 순간을 느끼는 연습이 중요한데 그러기 위해서는 '삐뚤어지는 연습'이 도움이 됩니다. 삐뚤어진 소리는 딴지를 걸라는 소극적인 의미가 아니라 사고의 방향을 틀어 그 방향이 보여주는 세

상과도 만나라는 적극적인 주문입니다. 그래야 남과 다를 수 있고, 본연의 나를 완성해 나갈 수 있습니다.

결국 흙수저가
이깁니다

우리 사회에는 언제부터인가 신新계급론이라 불리는 '금수저', '흙수저' 론이 퍼져 있습니다. 그래서 부모의 배경도 없고 가진 것도 없는 소위 흙수저 청년들은 불투명한 앞날을 바라보다가 절망하고 포기하는 경우가 있습니다.

이렇듯 하루가 멀다 하고 나오는 수저 계급론을 가지고 제가 한번 제대로 비틀어 보겠습니다. 왜 금수저, 흙수저를 경제적인 관점으로만 바라봐야 할까요? 저는 언론에서 보는 이러한 관점에 동의하지 않습니다.

실제로 은수저는 존재해도 금수저는 세상에 없습니다. 금은 불과 만나면 말랑말랑해지다 액체가 되어버리기 때문에 수저로 만들기가 어렵습니다. 반면, 흙은 불 속에서 더욱 단단해집니다.

도자기를 굽는 과정만 봐도 곱게 빚은 흙그릇이 1,000도가 넘는 불구덩이를, 그것도 두 번은 다녀와야 그릇으로 완성됩니다. 이렇게 만들어진 그릇은 속이 단단하고 열전도율이 낮아 음식을 보관하는 용도로 아주 그만입니다.

뜨거운 역경을 이기고 나면 단단해지는 쪽은 금수저가 아니라 흙수저입니다. 저는 아무리 생각해도 한 번 빛나는 금수저보다 오래 살아남는 흙수저가 더 가치 있는 삶 같습니다.

우화는 희망을 남깁니다. 쉬지 않고 경주에 임한 거북이가 게으름을 피운 토끼를 이긴다는 우화 〈토끼와 거북이〉처럼 금수저, 흙수저 이야기도 우화로 다뤄줘야 건강한 사회가 될 수 있습니다. 그러니 우리 스스로 '수저 계급론'을 '수저 우화'로 바꿔서 더욱 희망적인 의미를 찾아야 합니다.

금수저를 물고 태어난 사람만 성공할 수 있다고 몰아가는 사회 분위기가 문제라고 봅니다. 마치 타고난 운명은 바꿀 수 없다는 식의 금수저론으로 사회 인식이 자리 잡히면 안 됩니다. 흙수저들이 성공할 수 있게 기성세대가 깊은 배려를 보내야 할 때입니다. 기성세대가 앞장서서 자기 자식들에게 부모 찬스를 쓰지 않도록 각별한 절제와 주의를 해야 합니다. 오늘날에도 충분히 개천에서 용이 날 수 있음을 우리 스스로 보여줍시다.

꿈은
상처에서
피는
꽃입니다

"선생님이 다니는 대학은 좋아요?"

가정교사를 할 때 가르치던 초등학교 5학년 학생의 질문입니다. 어떻게 대답할까 망설이다 반대로 아이에게 질문하였습니다.

"서울에서 가장 좋은 대학은?"

"서울대학."

"부산에서 가장 좋은 대학은?"

"부산대학."

"대구에서 가장 좋은 대학은 어디일까?"

"대구대학이겠네요."

"알면서 왜 물어!"

평생 그림자처럼 따라다니는 학벌 콤플렉스의 역사는 이렇게 시작되었습니다. 대구대학은 이후 영남대학교로 확대 합병되었고, 우리나라 최대 사립종합대학교로 발전하였습니다. 물론 그때나 지금이나 서울대학교가 으뜸이기는 마찬가지입니다.

자신감을 잃으면
온 세상이 적

학벌 콤플렉스는 사회인이 되자 더욱 크게 느껴졌습니다. 지방에서 상경해 직장 생활을 하는 것으로도 벅찼던 시절이었습니다. 해외로 파견 보내는 직원 한 명을 선발하는 데 저를 포함해 최종 후보 세 명이 경합을 벌였습니다. 제 딴에는 '안 돼도 어쩔 수 없는 거다'라며 마음을 먹어서 다른 동기가 선발됐다는 소식을 듣고도 별다른 생각이 없었습니다. 그러다 우연히 선발 시험에서는 제가 1등이었지만 윗선에서 S대 경제학과를 나온 친구를 보내는 것이 낫지 않겠느냐고 하여 그 친구가 가게 됐다는 소리를 전해 들었습니다. 속이 상했습니다. 실력에서 진 것이 아니라 학교에서 졌다는 사실이.

생각보다 학벌의 힘은 셉니다. "어느 대학을 나온 것이 뭐가 중요하냐"고 말하는 사람은 젊은이들에게 거짓말을 하는 사람입니다.

학벌學閥은 '학교의 지체'를 나타내는 말로 수직과 서열을 상징합니다. 의사결정을 내리는 입장에서도 이러한 체제가 여러모로 편합니다.

'누구를 승진시킬 것인가'라는 고민을 한다고 할 때 효율성이 높은 직원을 택해야 하는데 보통 입사 1년에서 3년 차 직원들은 능력이 대동소이합니다. 이런 상황이라면 지방대 출신보다 서울대 출신에게 기회가 돌아갈 확률이 높습니다. 사회에서의 수직 구조는 업무 능력이 수면 위로 드러나기 전까지 학교의 서열을 가져가는 방식으로 드러납니다.

안 좋은 일은 한꺼번에 온다고 했던가요. 이 무렵 '내가 갈 길은 무엇인가' 하는 생각을 본격적으로 하게 된 또 하나의 계기가 있었습니다. 고교 동창 친구가 미국으로 유학을 가게 되었는데, 유학길에 오르기 전날 제 하숙방에서 하룻밤 묵었습니다. 친구는 같이 가자며 제게도 유학 시험을 보라고 권했지만 저는 집안의 가장이었기에 그럴 수 없었습니다. 다음 날 김포공항까지 친구를 배웅한 뒤 제 방으로 돌아왔는데 마침 친구가 놓고 간 책이 눈에 보였습니다. 책을 보는 순간 저도 모르게 서러움이 복받쳐 이불을 뒤집어쓴 채 30분이나 울었습니다.

'내 친구는 유학을 가는데 나는 뭐냐', '내가 S대를 나왔다면 해외 파견을 갈 수 있었을 텐데……' 별의별 생각이 다 들었습니다. 실컷 울어서 그런지 속이 아주 후련했습니다. 한참을 그러고 있다가 친구의 책을 보관하려고 책장으로 향하는데 예전에 읽다 만 수필집에 눈길이 갔습니다. 책장을 넘기다 보니 "자신감을 잃으면 온 세상이 나의 적이 된다."라는 문장이 눈에 들어왔습니다. 미국의 사상가 겸 시인인 랄프 왈도 에머슨Ralph Waldo Emerson이 한 말이었습니다. 가장 필요한 시점에서 만난 문장이라 얼마나 고마웠는지 모릅니다.

생각해 보니 진짜 그렇습니다. 자신감을 붙들지 않으면 나보다 잘나가는 사람을 시기하게 되고 기회를 주지 않는 사회를 원망하는 마음으로만 가득 차게 됩니다. 왜 그럴까요. 자신감이 사라진 자리는 공터로 남아 있는 것이 아니라 불신, 불안, 시기, 원망 등 불온한 감정들이 영토 싸움하듯 그 자리를 꿰차기 때문입니다. 긍정적인 마음이 사라지는 곳에서 불온한 감정들이 생겨나는 것. 이것이 마음의 이치이며, 우리가 끊임없이 심신을 수양해야 하는 이유입니다.

꿈에 30년을 곱하면
부富가 됩니다

당시 저는 대성통곡을 해서 속도 후련해졌겠다, 무너진 자신감을 일으켜 세워주는 문장과도 만났겠다, 나만 정신 차리면 된다는 생각이 들었습니다. '유학 갈 형편도 안 되고, 지방대를 나와서는 앞으로 어느 정도까지 회사생활에서도 한계가 있다. 그러면 사업을 해서 내 머리맡에 놓인 유리천장을 없애자'라며 머릿속에 있는 생각을 정리했습니다.

정말 신기하게도 기업가가 되겠다는 뜻을 세운 뒤로는 거짓말처럼 마음의 갈등이 사라졌습니다. 이렇게 되기까지 한 5년 정도의 시간이 걸렸습니다. 돌이켜 생각하면 공자가 말하는 입지立志의 시기였던 것 같습니다. 입지는 꿈을 세우는 일입니다. 가끔 사람들은 생활 형편이 어렵기 때문에 자신의 꿈을 포기한다는 말을 하곤 합니다. 하지만 정말 그래야 할까요?

1년에 한 번씩 장학금을 주는 대학생들과 대화를 나누는 시간을 가집니다. 장학생을 선발할 때는 성적보다 집이 가난한 친구들을 우선합니다. 그들과 만나면 "지금 가난한 것은 네 탓이 아니지만 30년 후의 가난은 너의 탓이다."라는 말을 꼭 전합니다. 꿈을 가지라는 당부도 잊지 않습니다. 꿈에다 30년이라는 세월을 곱하면 아무리 좋은 대학을 나오지 못해도 충분히 부자가 될 수 있습니다.

끝으로 학벌 콤플렉스 때문에 자괴감에 빠진 분에게 하고 싶은 말이 있습니다. 누구보다 학교 때문에 아파본 사람이기에 꼭 정리하고 넘어가야 할 것 같습니다.

S대 경제학과를 나온 친구에게 좋은 기회를 빼앗겼지만 덕분에 업무에 대한 집중력을 높일 수 있었습니다. 그 과정에서 실력이 붙기 시작하면 학벌의 힘이 미약해진다는 사실을 새롭게 알게 되었습니다. 즉, 처음에는 학력이 크게 느껴지지만 나중엔 충분히 경력으로 학력을 뒤집을 수 있다는 것입니다. 얼마나 다행입니까. 열심히 노력하면 그들을 따라잡는 가능성이 열린다는 것이.

가끔은 더 행복해지기 위해서가 아니라 덜 상처받기 위해서 지혜를 모아야 할 때가 옵니다. 그때마다 스스로 다독이는 방법이 있습니다. 만약 나를 아프게 만드는 것이 '눈'이고, 그것을 없애주는 것이 '이'라고 한다면 기존의 패턴대로 '눈에는 눈, 이에는 이'가 아니라 '눈에는 이, 이에는 눈'으로 교차하며 아픔을 상쇄시켜 보는 것입니다. 눈과 눈이 만나면 갈등의 폭이 커지지만 눈과 이가 만나면 되레 상쇄될 수 있습니다. 그러니 학벌 때문에 느끼는 좌절을 학벌로 상대할 필요는 없습니다. 나만의 능력을 보일 수 있는 또 다른 길을 찾으면 됩니다.

내가 가장 잘하는 것을 찾아내는 것도 아픔을 이겨내는 효과적인 방법이 됩니다. 여러분은 과연 무엇을 잘하는 분입니까?

후퇴할 줄 아는
용기

'윤강호'

어릴 적 제 이름입니다. 하루는 밀양 외할머니가 집에 오셔서 저를 "강호야" 하고 부르는 겁니다. 어리둥절한 표정으로 어머니를 바라보자 강호라는 이름에 얽힌 이야기를 들려주셨습니다.

어느 날 아버지는 저희 어머니와 오 남매를 남겨두고 사십 대 중반이라는 나이에 갑작스럽게 돌아가셨습니다. 아버지의 급서는 친가 못지않게 외가에도 엄청난 재앙이었습니다. 외가 쪽 어른들은 제가 이 집의 장남이니 '강한 호랑이'처럼 자라야 한다는 뜻에서 '강호'라는 이름으로 불렀다고 합니다. 우리 이름에는 이름값 하는 효과가 있다고 하던데, 강호라는 이름처럼 저도 이름답게 단단하게 자랄 수 있었습니다.

'강함'이란 무엇일까요? 강하다는 것은 권력이 있거나 힘이 센 것이 아닙니다. 이런 강함은 일회성에 그칠 확률이 높아 진정한 의미의 강함이 되지 못합니다. 저는 꿈을 갖는 용기, 그 꿈을 위해 지금보다 못한 선택을 하는 용기야말로 진정한 강함이라고 생각합니다.

얼마 전 강의가 있어 지방에 갔다가 택시를 이용했었습니다. 택시기사와 이런저런 이야기를 나누다 대학을 졸업한 지 2년이 되었지만 아들이 취업을 못 하고 있어 걱정이라는 이야기를 들었습니다. 그 기사 분에게 "아드님이 무슨 일을 하길 바라느냐?"고 물었습니다. 그러니까 "수천만 원 등록금을 들여 공부를 시켜놨으니 시간이 걸리더라도 대기업에서 일했으면 좋겠다."라는 기사의 답이 돌아왔습니다. 사실 많은 부모님이 같은 심정일 겁니다.

저 역시 첫 직장을 선택하는 기준이 월급이었기에 택시 기사의 바람이 이해되었습니다. 아들이 대기업에 들어가면 자랑도 할 수 있고, 돈도 많이 버니, 부모 역할을 잘했다는 뿌듯함이 들 겁니다. 하지만 이런 생각은 제가 젊었을 때나 가능한 일입니다.

요즘 같은 환경에서 기업의 규모나 연봉을 기준으로 진로를 결정한다는 건 매우 위험한 발상입니다. 자신이 잘할 수 있는 직무를 결정한 뒤 그 직무 역량을 끌어올릴 수 있는 기업을 선택하는 '직무 중심의 사고'를 갖춰야 하는데 아무도 젊은이들에게 이것을 일러주지 않습니다.

작은 기업에서
큰 꿈을 이루는 법

대학을 졸업한 뒤에 첫 직장으로 농협에 취직하였습니다. 지금도 그렇지만 당시 은행은 사람들이 꽤나 선망하던 안정적인 직장이었습니다. 그런데 기업가라는 꿈을 가진 후부터는 그 일터가 저에게 맞지 않는 옷처럼 느껴졌습니다. 결국 퇴사를 결심하고 그보다 작은 규모의 제약회사로 자리를 옮겼습니다.

규모가 아주 큰 회사에서는 분할된 업무를 담당하며 일을 단편적으로밖에 배울 수 없지만 작은 규모의 회사로 가면 경영진을 직접 대면하며 여러 가지 일을 두루 배울 수 있겠다는 생각에서였습니다.

그런데 생각보다 주변 사람의 반발이 컸습니다. '뭐가 부족해서 이름도 없는 회사로 가느냐', '가족들 생각은 안 하는 것이냐' 등의 말을 들었습니다. 우리나라는 풍토상 장남이 다니는 회사가 곧 가족의 명예와 직결된다는 사회적 인식이 많았습니다. 더욱이 젊은이가 많지 않은 지방에서는 장남의 회사가 가족의 자랑거리이자 나아가 동네의 체면이 되고 명예가 되기도 했습니다. 저 역시 어느 사이엔가 우리 집 담장을 넘어 마을의 장남이 되어 있었고, 이전보다 규모가 작은 회사로 옮겨갔을 때는 한동안 동네 어르신들의 눈총을 받아야 했습니다. 그래도 괜찮았습니다.

내 꿈은 무엇인가?

왜 직장을 옮겼는가?

주변의 달라진 시선이나 참견이 귀에 들어오지 못하도록 질문을 던졌습니다. 스스로 던진 질문에 하나씩 답을 달기 시작하면서 제 결정에 대한 확신도 생겼습니다. 대기업은 철저한 분업 시스템입니다. 사무실이면 사무실, 현장이면 현장, 공간과 역할이 명확히 구분되어 있습니다. 사무실 직원들은 보고서를 만드는 일에, 현장 근로자들은 생산성을 높이는 일에 최선을 다하면 됩니다. 이 둘이 만나는 지점에서 일하기란 흔치 않습니다.

저는 기업가라는 꿈을 세운 뒤부터 늘 이론과 실습을 연결시키는 파이프라인을 갖고 싶다는 생각에 목말라 있었습니다. 제약회사로 옮기자마자 평일에는 사무실에서, 주말에는 공장에서 살았고 그렇게도 갖고 싶던 파이프라인을 가질 수 있었습니다. 이로써 이론과 현장을 연결해가며 조직 내 리더로 성장할 수 있는 체계를 갖추어가게 되었습니다.

일은 많았지만 관념적인 기획 업무에서 벗어났다는 사실에 매우 기뻤습니다.

청년들에게
물려주어야 할 멋진 유산

어떤 분야든 이론에는 답이 없습니다. 현장에 답이 있습니다. 현장을 아는 사람만이 그 일로 일가一家를 이룰 수 있습니다.

1970년대에 몸담기 시작한 두 번째 직장에서 저는 중간 관리, 공장장, 영업 등 전방위적인 경험을 하였고 이것을 기초로 1990년에 한국콜마를 창업하였습니다. 중소·중견기업의 장점이 여기에 있습니다.

이 모든 건 기업가라는 꿈이 없었으면 불가능했습니다. 지금보다 못한 선택을 하기 위해서는 꿈에 대한 열망이 강해야 하는데 이걸 끌어올리고 견인하는 가장 좋은 방법이 '꿈이 가져올 미래'를 끊임없이 상상하고 구체화하는 일입니다.

지금 불확실한 시대를 살아가는 청년들에게 드리고 싶은 말이 있습니다. 회사를 선택할 때 대기업만 선호하지 말고 녹슬지 않는 산업에 발을 담그고 있는 중소·중견기업도 하나의 선택지로 염두에 두길 바랍니다. 대기업 입사를 위해 꿈과 동떨어진 스펙을 쌓는 것에만 골몰하지 말고, 미래 먹거리 산업을 가진 중소·중견기업에도 눈을 돌려보세요. 기업의 규모는 감가상각이 되지만 전망 있는 산업은 이자가 붙기 때문입니다.

이제 막 사회에 첫발을 내디딘 청년들의 부모님께도 당부를 드립니다.

우리 부모들은 그동안의 사회 경험을 멋진 유산으로 자녀에게 물려줄 수 있지 않습니까?

자녀가 뜻을 이루기 위해서는 다소 못한 선택을 해야 할 수도 있습니다. 흔히들 '이보 전진을 위한 일보 후퇴'라는 말을 하지 않습니까? 그럴 때 후퇴해야 하는 상황이 적잖이 부담됩니다. 남들은 저만치 앞서가는 것 같거든요. 하지만 내가 선택할 미래가 확실하고 단단하게 느껴지면 선택이 쉬워집니다. 자녀가 가고자 하는 분야나 직무에 관심을 기울이고, 부모의 경험을 반추하여 그곳의 미래를 들려주면 됩니다. 여러분자녀들도 충분히 해낼 수 있습니다.

당신은 부모이기 전에 이미 40년 넘게 일해본 경험이 있는 베테랑입니다. 그 경험을 물려주는 것, 지금 자녀가 가장 필요로 하는 유산이 아닐는지요.

꿈은
10년 후
열매를 맺습니다

입지立志, 입지란 뜻을 세우는 것입니다. 이 뜻은 곧 꿈입니다.

저는 꿈을 세우는 일에 대해 자주 말합니다. 그런데 꿈이 중요하다는 것에는 공감해도 제가 꿈에 대해 재차 강조하면, 마치 매일 같은 문제집을 푸는 듯한 기분에 '꿈 피로증'을 호소하는 분들이 있습니다. 왜 많은 분이 꿈에 대해 이야기하면 피로감을 느끼고, 심지어 꿈을 사치라고 이야기할까요?

저를 비롯하여 우리는 한 번도 꿈을 갖는 법에 대해서 배운 적이 없기 때문입니다. 이는 꿈의 본질을 잘 모르기 때문이기도 합니다. 많은 사람이 오해하고 있는 것 중 하나가 꿈을 품으면 당장 실현해야 한다는 겁니다.

'꿈은 사치입니다', '부모를 잘 만나야 꿈도 가질 수 있어요'라는 발상은 꿈을 품자마자 실현해야 한다는 '즉시성'이 밑바탕에 깔려 있기 때문입니다. 당장 꿈이 현실에서 결과물로 나타나면 좋겠지만 실제로는 그렇지 못한 경우가 훨씬 많습니다.

즉, 꿈은 지금 당장 돈이 되지 않습니다. 그럼 어떻게 해야 할까요? 간단합니다. 먹고사는 문제부터 해결하고 나서 꿈을 실현하는 순서로 하면 됩니다.

말콤 글래드웰Malcolm T. Gladwell의 '1만 시간의 법칙'에 대해 들어본 적이 있을 겁니다. 세계적인 경영사상가 말콤 글래드웰은 《아웃라이어》의 저자입니다. 말콤 글래드웰은 '보통 사람의 범주를 넘어선 성공을 거둔 사람', '성공의 기회를 발견해 그것을 자신의 것으로 만든 사람'을 아웃라이어로 불렀습니다. 그는 이렇게 한 분야에서 전문가가 되기 위해서는 적어도 10년 정도의 시간을 투입해야 한다고 강조합니다.

여기서 생각을 더 파고 들어가면, 꼭 먹고사는 문제가 아니더라도 꿈은 맨 나중에 갖는 것이지 처음에 갖는 것이 아니라는 교훈을 얻을 수 있습니다. 1만 시간 동안 일하고 나서 꿈을 이루라는 뜻이지 않습니까? 그러니 먹고사는 문제부터 해결한 뒤에 꿈을 가져도 늦지 않습니다.

꿈에게
1만 시간을 준 사람들

여러분에게 소개하고 싶은 리더 두 명이 있는데 첫 번째 인물은 기업가레이 크록Ray Kroc입니다. 그는 고등학교를 중퇴하자마자 영업사원, 운전기사 등 안 해본 일 없이 사회 경험을 쌓은 뒤 사업에 도전했습니다. 그리고 53세가 되던 해에 시카고 근교에 1호 패스트푸드점의 문을 열었습니다.

뒤늦게 창업에 도전했지만 그는 얼마 후 억만장자의 반열에 올랐습니다. 그가 만든 것은 바로 글로벌 프랜차이즈 브랜드인 맥도날드McDonald's입니다.

두 번째로 소개할 사람은 우리가 잘 아는 다산 정약용입니다. 다산은 조선 후기의 문신이자 실학자이며 저술가이자 시인이고 철학자였습니다.

그는 정조의 총애를 받았으나 남인이자 천주교 사상을 가졌다는 죄목으로 박해를 받았고 정조가 세상을 떠나자 모진 귀양살이를 당해야 했습니다. 정약용은 18년간 경상도 장기, 전라도 강진 등지에서 유배 생활을 했는데 이 유배 기간에 《목민심서》, 《경세유표》 등 500권의 책을 저술하는 빛나는 업적을 남겼습니다. 그는 고난과 역경 속에서 유배를 이겨내는 지성의 열매를 거두어 길이 역사에 남을 위대한 족적을 남겼습니다.

모든 꿈은 오랜 준비기가 필요합니다. 콜럼버스가 신대륙을 발견할 수 있었던 것은 오랜 시간 동안 계절풍과 해류의 흐름을 지켜본 뒤 그에 알맞은 항해술과 조선술을 갖추었기에 가능했습니다.

성웅 이순신 장군은 전라좌수사로 임명된 후 언제 있을지 모를 왜군의 침입을 철저히 대비했습니다. 임진왜란 발발 하루 전 거북선의 진수식까지 마쳐놓은 유비무환의 리더였기에 일본의 바닷길 침략을 막아내고 승리를 거둘 수 있었습니다.

준비한 사람에게는 좋은 기회가 찾아옵니다. 그러니 내 꿈에 시간을 주고 차근차근 준비를 해 나가겠다는 마음가짐을 가지길 바랍니다.

꿈은 추상명사일까요? 저는 꿈이야말로 날이 서 있는 현실적인 명사라고 생각합니다.

일평생 한군데 직장에서만 일하는 시대는 지나갔습니다. 우리는 살아가면서 계속 진로와 직장 문제로 고민할 수밖에 없습니다. 그리고 자리를 옮길 때마다 무엇을 선택의 기준으로 삼을 것이냐를 함께 고민하게 됩니다. 이때 자신의 경력은 업그레이드하되 선택의 기준은 좌우로 크게 흔들리지 않도록 하는 것이 중요합니다.

어렵지 않습니다. 꿈을 선택의 기준으로 삼으면 됩니다. 그래야 꿈이 현실감각을 가질 수 있고, 또 현재 하는 일을 이어가면서 꿈을 놓지 않을 수 있습니다. 이 둘은 상부상조하는 구조로 가져가야 합니다.

현재의 JOB과
꿈의 연결

앞에서 먹고사는 일부터 우선한 다음 꿈을 이루라고 하였는데, 여기서 중요한 것은 '먹고살기 위해 선택한 일'이 '나중에 갖게 될 꿈'에 실제 도움이 되도록 해야 한다는 겁니다. 그래야 '생계를 위한 일 따로, 꿈 따로'가 되지 않을 수 있습니다.

먹고살기 위해서 일하는 것이 얼마나 힘듭니까. 실컷 주말까지 반납하면서 매달렸는데 그 일이 꿈에 도움이 되지 않으면 너무 억울하지 않을까요.

그래서 당장의 밥벌이를 한다고 나설 때조차 일을 선택할 때는 나중을 생각해 신중해야 합니다. 나중에 혹여 후회되지 않도록 일을 선택하는 훈련을 지속해야 합니다.

지금 한 선택이 미래의 꿈에 도움이 되는가?
내가 꿈을 갖게 될 시점이 중년이라면 그때 나는 무엇을 가질 수 없는가?
이 업무가 미래에도 쓸모가 있을까? 만약 그렇지 않다면 어떻게 교두보를 마련해야 할까?

이렇게 시선을 더 멀리 던져서 지금 내가 하는 선택이 결국에는 꿈으로 모여 꿈이 쌓이도록 훈련해야 합니다.

제 경험을 들려드리면, 공장 관리인에서 제약 영업으로 부서 이동을 발령받은 적이 있습니다. 그때 스스로 '영업이 기업가라는 꿈에 도움이 될까'라는 질문을 던져보았습니다. '그렇다'라는 답변이 나오자마자 전국에 있는 병원 리스트를 뽑아 출장길에 나섰습니다. 전국 팔도에 있는 병원을 돌면서, 새로 개업한 의사는 폐업률이 높은 반면, 오랜 시간 근무한 의사가 개업하면 성공률이 높다는 사실도 목격하였습니다.

오랜 준비의 중요성을 다시 한번 느꼈습니다. 매 순간, 모든 과정이 꿈과 연결된다고 생각하면 열정은 저절로 생겨납니다.

입지, 흔들리지 않는 기준을 세우는 일입니다. 젊을 때 입지를 해두면 중년이 되었을 때 흔들리지 않는 불혹不惑을 맞이할 수 있는데 이런 점에서 입지와 불혹은 인과관계에 놓여 있다고 할 수 있습니다.

한 달에 두 번 정도 월요일마다 세종시에 있는 공장을 방문하곤 합니다.

가는 길에 초등학교가 있는데 옛 생각이 나서 차창 너머로 학교 전경이 사라질 때까지 유심히 보는 편입니다. 흙먼지가 풀풀 날리는 오뉴월의 초등학교 운동장, 한 무리의 어린이들이 청백으로 나뉘어 이어달리기하는 광경이 눈에 들어왔습니다.

처음에는 비슷하게 달리더니 시간이 지나면서 격차가 생겼다가 줄었다를 반복하는 모습이 꽤 흥미로웠습니다.

인생은 이렇듯 계주 경기와 비슷한 면이 있습니다.

내게 맡겨진 릴레이의 한 구간을 어떻게 달려가느냐 하는 것이 인생과도 닮아 있습니다. 개인의 능력과 노력에 따라 결과가 나오는데 가끔 불공평한 상황이 오기도 합니다. 불공평하다는 생각이 들면 '남 탓'을 하거나 '내 탓'을 합니다. 사실 둘 다 좋은 방법이 아닙니다.

이럴 때, 꿈 탓을 해야 삶이 건강해질 수 있습니다.

방향을 가진 사람은 불공평한 상황이 왔을 때도 쉽게 포기하지 않습니다. '가야 할 곳'이 있고 '이뤄야 할 일'이 있으니 자신을 넘어트린 바로 그곳에서 다시 시작합니다. 이것이 성장입니다. 성장이란 부정적이고 나쁜 것을 버리는 것이 아니라, 그것까지 내 것으로 통합하는 것입니다.

우보천리 동행만리

포기하는
삶이
지는 것은
아닙니다

제 꿈은 어릴 때부터 역사 선생이 되는 거였습니다. 대학에 가면 사학을 전공할 거라고 일찌감치 진로를 정해놓은 고등학교 시절, 아버지가 갑자기 돌아가셨습니다. 집의 지붕 역할을 하던 아버지의 빈자리는 저나 가족보다 주변 어른들에게 더 진하게 남았나 봅니다.

고등학교 담임선생님이 가정 방문을 오시더니, "사학과보다 경영학과를 가라. 아버지도 안 계시고 네 밑으로 동생이 넷이나 된다. 어머니와 외할머니까지 있지 않으냐. 잘 살아야 한다……"라는 말씀을 남기고 가셨습니다. 수십 년이 훨씬 지난 일인데도 마치 어제 있었던 일 같습니다.

그때 처음으로 '이 집의 가장이 나구나'라는 사실을 가슴으로 받아들이게 되었습니다. 어쩔 수 없이 역사 선생님이 되겠다는 꿈을 포기할 수밖에 없었습니다.

젊은 친구들을 두고 '삼포 세대', '오포 세대', '칠포 세대'라고 합니다. 저는 '칠포 세대'까지는 아니어도, '오포 세대'의 조상 정도는 될 것 같습니다.

가장 먼저 역사 선생님이라는 꿈을 포기했고, 학창 시절 또래 친구들과 추억을 쌓을 수 있는 대외 활동을 포기했습니다. 사회에 나와서는 첫 직장이었던 농협을 그만둠으로써 괜찮은 직장을 포기했고, 고액 연봉의 스카우트 제의도 뿌리쳤으니 돈도 포기한 거나 다름없습니다.

화장품 제조 기업으로 사업을 시작했기에 갑甲으로 사는 인생도 포기한 지 오래……. 어떻게 저는 남들이 갖고 싶어 하는 순서대로 포기하면서 산 것만 같습니다. 저는 그래도 좋습니다. 흙수저가 적성에도 잘 맞고, 포기하는 삶이 불편하거나 억울하지도 않습니다.

다 가지면
건강을 잃습니다

포기하는 삶이 부끄러운 것이 아닙니다. 돈이 많든 적든, 사회적 지위가 높든 낮든 사람은 일정 부분 가난한 저금통을 옆에 꿰차고 있어야 삶이 건강해질 수 있습니다. 그래야 진정으로 겸손한 태도를 견지함으로써 쓸모 있는 가치들을 담을 수 있습니다.

특히 좋은 사람들을 곁에 둘 수 있습니다. 차고 넘치는 사람 곁에는 그것을 얻으려는 자가 들끓게 되지만 부족한 사람 곁에는 모자란 부분을 함께 채우고자 노력하는 사람들이 몰려듭니다.

요즘 제가 즐겨 쓰는 말이 있는데 검소하게 생활함으로써 복을 오래 누린다는 석복惜福이라는 개념입니다. 정상까지 가지 말고 허리에서 멈추라는 지혜가 들어 있습니다. 인생이라고 하는 것이 완完, 결結, 전全 다음에 '뿌듯함'이 올 수도 있지만 때로는 오히려 허무함이 오기도 합니다. 온 힘을 기울여 어떤 목표를 이루었으면 행복하고 기뻐야 하는데 왜 허무함이 올까요? 그 목표에 넘치는 복을 사용했기 때문입니다.

젊은이들이 포기했다는 내용을 가만히 살펴보면 결혼, 내 집 마련, 인간관계, 취업 등이 있습니다. 어느 세대든 이것을 20대 때 전부 이룬 세대는 하나도 없습니다. 만약 다 이뤘다면 그 사람은 남은 인생에 써야 할 복을 어느 한 시점에 몰아서 쓴 것이나 다름없습니다.

일부 연예인들을 보면 예전보다 인기가 떨어지면 마약 등에 중독되곤 합니다. 사법고시에 붙은 예비 법조인이 스캔들을 일으켜 파문을 일으킨 사건도 심심찮게 볼 수 있습니다. 복을 끝까지 사용한 탓입니다.

그래서 저는 아무것도 포기하지 않고 다 이룬 청년이 있다면 오히려 그 사람의 앞날이 걱정됩니다. 무언가를 획득하는 일 못지않게 '포기하는 용기'도 가져야 인생이 한쪽으로 쏠리면서 넘어지는 일이 생기지 않습니다.

보통 사람들은 포기를 의지가 빈약해서 원하는 것을 얻지 못하는 자포자기 개념으로만 정리하는데 사실은 그렇지 않습니다. 하나의 가치를 획득하기 위해 다른 것을 꺼두는 지혜로 기능할 때도 있는데 저는 이것을 포기의 순기능이라고 표현합니다.

저는 앞으로도
포기할 계획입니다

경험상 어느 하나를 포기하면, 그것이 간절한 것일수록 다음 것에 대한 열정이 배로 불어납니다. 정말 갖고 싶은 것을 포기했으니 얼마나 한으로 남겠습니까. 그 한을 '다음 소망'을 이루는 연료로 사용하는 것도 나쁘지 않습니다.

저는 역사 교사라는 꿈은 포기했지만 인문학 독서 모임인 '계영계戒盈契'를 통해 14년간 원 없이 역사 공부를 했습니다. 한 달에 두 번 호학하는 사람들끼리 모여 역사를 공부하고 철학을 논하고 문학을 음미하는데 그 기쁨이 얼마나 컸는지 모릅니다. 만약 제가 역사 교사를 직업으로 삼았다면 바쁜 시간을 쪼개서 10년이 넘도록 호학할 수 있었을까요. 절대로 그렇지 못했을 겁니다.

보통 우리는 '무엇을 얻을 것인가'보다 '무엇을 놓을 것인가'를 고민할 때 더 심도 있게 그것을 들여다봅니다. 사람 심리가 그렇습니다. 무언가를 획득하는 상황에서는 그것만으로도 좋아서 설사 큰 것을 얻지 못한다고 해도 마음이 상하거나 후회가 남지 않습니다.

하지만 포기는 다릅니다. 이왕이면 손해를 덜 보는 쪽으로 선택하기 위해 최선을 다해 몰입합니다. 이렇게 보면 '손해를 덜 보고자 하는 마음'이 꼭 나쁘지만은 않은 것 같습니다. 비록 지금은 이것을 놓지만 금세 회복하겠다는 굳은 의지도 함께 생겨납니다.

그러니 여러분도 '무엇을 포기할 것인가'와 더불어 '이 포기가 무엇을 가져다줄 것인가'도 함께 정리하는 시간을 꼭 가져보기 바랍니다. 그래야만 포기하는 삶이 지는 것이라는 편견에서 벗어날 수 있으며, '놓음은 곧 얻음'이라는 새로운 진리를 가져갈 수 있습니다.

저는 앞으로 세 가지를 포기하고 또 얻을 것입니다.

첫 번째는 경영자에서 물러나는 시점에 나무를 심으며 자연과 벗 삼아 살아갈 것입니다.

두 번째는 지식을 소유하는 사색가에서 벗어나 미약하게나마 제 지식을 정리하여 전달하는 작가로서의 삶을 살고 싶습니다. 이미 이 일은 시작한 지 제법 됩니다. 기록과 정리는 선대가 후손들을 위해 해줘야 할 의무라는 평소 생각 때문입니다.

세 번째는 부나 명예를 얻는 높은 자리보다 더 많은 사람과 나눔을 실천하는 낮은 곳에 더 자주 제 몸을 놓을 것입니다.

'경영자', '지식을 소유만 하는 사람', '높은 곳', 이 세 가지를 포기하고 대신 자연인, 지식을 정리하는 사람, 낮은 곳을 취해 가며 살아갈 것입니다.

인생을
크게 만드는
'옷깃 인연'의 힘

불교에서 말하는 여덟 가지 고통 중 원증회고怨憎會苦와 애별리고愛別離苦가 있습니다. 원증회고는 원망하고 미워하는 마음이 있는 사람을 가까이해야 할 때의 고통을 말하며, 애별리고는 반대로 사랑하는 사람과 헤어질 때의 고통을 말합니다. 둘 중 어떤 마음이 더 고통스러울까요? 불교에서는 애별리고가 여덟 가지 고통 중 으뜸이라고 합니다. 저도 같은 생각입니다. 대상이 누가 됐든 인생에 머물러준 사람과의 헤어짐은 평생에 걸쳐 지워지지 않는 상흔을 남깁니다.

아버지와의 사별이 그러했고, 인생의 멘토였던 장인어른과의 사별 또한 그러했습니다. 꼭 사별이 아니어도 예기치 못한 절연은 제 마음에 크고 작은 옹이들을 남겼습니다.

그가 옷깃만 스쳐도 인연이라고 왼손을 내밀었다

나는 무슨 자기력처럼 오른손이 끌려나갔다

왼손과 오른손의 결합, 맥을 집듯 조심스럽다

속살과 속살이 부둥켜 흔들려야 하지만,

등껍질을 어루만지고 쓰다듬는다

물갈퀴질을 하듯 손이 흔들렸다

박수서 시인의 〈인연에 관하여〉라는 시의 도입부입니다.

어떤가요? 왼손과 오른손이 만난다는 표현으로 '인연'을 나타낸 시인의 감수성이 놀랍지 않으십니까? 저는 첫 구절에 나오는 '옷깃만 스쳐도 인연'이라는 말을 특히 좋아합니다. 줄이면 '옷깃 인연' 정도가 되겠네요. '작은 인연'도 크게 여기고 다소 본인의 감정이 상한다고 해서 쉽게 인연을 정리하지 말라는 가르침이 전해집니다. 누구보다 작은 인연의 소중함을 느끼며 산 저였기에 이 가르침이 소중하게 다가옵니다.

커서 만난
세상의 아버지들

스쳐 지나갈 수 있었으나, 제 인생에 머물러주어 이만큼 살게 해준 고마운 인연들이 있습니다. 사실 고등학교 선생님이나 장인어른처럼 처음부터 큰 인연이면 소중함을 쉽게 알아차리지만, 말 그대로 옷깃만 스치고 지나갈 수도 있었을 인연들이었기에 '그때 만나지 못했더라면 어땠을까'라는 아찔한 생각이 들곤 합니다.

제 작은 인연들을 소개하면 가장 먼저 쌀가게 아저씨를 들 수 있습니다. 중학교를 대구에서 진학했는데 대구 아이들은 대부분 자전거를 탈 수 있었습니다. 자전거를 탈 줄 아는 사람이 거의 없던 시골 출신이라 저는 몹시 충격이 컸습니다. 나중에 알고 보니 대구는 전국에서도 손꼽히는 자전거 도시였다고 하더군요.

저는 스스로의 적응 과제로 자전거 타기를 정했습니다. 그때부터 머릿속으로 어떻게 하면 자전거를 탈 수 있을까 하는 생각만 했습니다. 마침 동네에 쌀가게가 있었는데 자전거로 쌀 배달을 했습니다. 우선 주인 아저씨와 친해져야겠다는 생각이 들었습니다. 오고 가면서 아저씨가 배달하는 모습을 보니 한 손으로 핸들을, 다른 손으로는 쌀을 잡고 가파른 골목을 힘겹게 오르내리고 있었습니다. 그래서 수업이 끝나면 쌀가게로 달려가 자전거를 밀어주며 아저씨의 쌀 배달을 도왔습니다. 몇 번 밀어주니 주인아저씨가 "왜 밀어주는 거니?"라며 말을 걸어왔고 저는 자전거 타기가 배우고 싶다고 말씀드렸습니다. 뜻이 갸륵했는지 아저씨는 자신이 뒤에서 잡아줄 테니 저에게 자전거를 타보라며 본격적으로 자전거 수업을 해주셨습니다. 긴 골목을 삐뚤빼뚤하게 다니니 아저씨가 "넘어지는 방향으로 핸들을 꺾어라."라며 타는 법을 일러주셨습니다. 아저씨가 뒤에서 자전거를 잡아주니 덕분에 넘어져도 크게 다치지 않았고 자전거도 상하지 않았습니다.

이렇게 해서 시골에서 유학 온 열 명의 친구 중 제가 가장 먼저 자전거를 배울 수 있었습니다. 이때가 중학교 1학년이었습니다. 자전거로 인연을 맺은 쌀가게 아저씨는 제가 훗날 농협에 취직하고 난 후 신용 보증인이 필요했을 때도 망설임 없이 나서주었습니다. 가족이 아니고는 보증을 해주지 않던 시절인데도 아저씨 덕분에 무사히 첫 직장 생활을 할 수 있었습니다.

두 번째 인연은 건설 현장에서 만난 김 목수 아저씨였습니다. 대학에 다니는 동안에는 계속 전액 장학금을 받다가 2학년 때 반만 받게 된 적이 있었습니다. 학비를 메우기 위해 주택 건설 현장에서 일하게 되었습니다. 당시 대구에는 목조주택을 짓는 것이 일반적이었고 아파트는 거의 없었습니다. 저는 낮에는 잡무를 돕고 해 질 무렵 퇴근하여 야간대학에 개설된 과목을 들은 후, 다시 건설 현장으로 돌아와 야간 경비를 하였습니다.

동녘 하늘이 밝아지기 시작하면 가장 먼저 김 목수 아저씨가 출근했는데 요즘 말로 현장소장이었습니다. 늘 대나무 도시락을 건네며 제 끼니를 챙겨준 고마운 분이었습니다. 제가 대학생인 것을 안 다음부터는 서문시장에 가서 못이나 철물을 사 오라는 쉬운 일만 시켜주었습니다. 그때마다 천천히 와도 된다며 배려를 아끼지 않으셨습니다. 일하랴, 공부하랴 쉽지 않은 시간을 아저씨 덕분에 잘 버틸 수 있었습니다. 너무 감사한 인연입니다.

인연의 누적이
인생을 값지게 만듭니다

세 번째 인연은 진주에서 가구를 만드는 소목장 장인입니다. 나무의 나이테도 동서남북이라는 방위가 있다는 사실을 아시나요? 나무의 밑동을 잘라 단면을 보면 정중앙을 목재의 가운데라고 해서 수심樹心이라고 합니다. 잘 보면 이 수심을 중심으로 그려진 나이테의 간격이 동일하지 않은 것을 알 수 있습니다. 햇빛을 얼마나 많이 받느냐에 따라 성장의 차이가 나는 겁니다.

보통 나무들은 남쪽의 나이테가 북쪽보다 길이도 길고 면적도 넓습니다. 남쪽이 북쪽보다 햇빛을 많이 받기 때문입니다. 사람이나 나무나 관심과 사랑을 많이 받을수록 잘 자라는 것은 똑같은가 봅니다.

그런데 돌산에서 자라는 오동나무는 나이테가 동서남북 모두 균일합니다. 골고루 성장한다는 증거겠지요. 장인의 말로는 장식장을 만들 때 액세서리가 붙는 부위에는 가장 단단한 목재를 써야 하는데 돌산에서 자란 오동나무만 한 것이 없다고 합니다. 그러면서 제게 돌산이라는 척박한 환경에서도 잘 자라는 오동나무처럼 되라는 뜻에서 석오石梧라는 호를 지어주었습니다. 이 호를 사용하지 않고 있다가 최근에 다시 사용하기 시작했습니다.

자전거 타는 법을 일러주고 신용 보증까지 서준 쌀가게 아저씨가 10대 때 만난 아버지였다면, 아들 대하듯 현장에서 알뜰살뜰 챙겨준 김 목수 아저씨는 20대 때 만난 아버지였습니다. 석오라는 호를 지어준 소목장 장인 역시 어릴 적 '강호'라는 이름을 지어준 외가 어른들처럼 제 건승을 기원해준 고마운 인연입니다. 모두 작은 인연이지만 제게는 매우 소중한 인연들입니다.

제게 있어 인연은 빛과 같습니다. 빛이 구석구석 닿지 않는 곳이 없듯 인연이 그렇습니다. 산에 가면 산에서 만난 인연이 있고, 바다에 가면 바다에서 만난 인연이 반갑게 맞이해줍니다.

제 인생은 살아오면서 만난 '인연의 합'이 만들어준 것이라고 해도 과언이 아닙니다. 그러니 여러분도 곁에 머무는 소소한 인연들을 크게 생각하고 인생에 담아나가길 바랍니다. 큰 인연을 만나 한 번에 인생이 바뀌는 일보다 작은 인연들이 누적되어 인생이 만들어지는 일이 더 많습니다.

사람 손을
덜 타는 꿈이
자식보다
낫습니다

말하기 부끄럽지만 한 가지 조그만 나름의 철학을 가지고 있습니다. 바로 "누구나 '비어 있는 것'이 존재하며, 그 결과 모든 이가 빈자貧者가 된다."라는 생각입니다.

누구나 언젠가는 빠짐없이 돌아가면서 '가난한 자'가 됩니다.

집이 부자여도 백수로 있는 젊은이는 직업이 비어 있으니 빈자가 되며, 공인 역시 인기는 많을지 몰라도 익명으로 사는 자유가 비어 있으니 빈자가 됩니다.

만약 어떤 젊은이가 저에게 '회장님은 현재 부자잖아요'라고 묻는다면, '저는 당신과 같은 젊음이 없으니 가난한 사람입니다.'라고 답할 것입니다. 일시에 모든 것을 갖는 이는 이 세상에 한 명도 없으니 말입니다.

지금의 청춘들은 젊음을 갖고 있어서인지 그것을 제외한 것에서 '욕망할 거리'를 찾으나 사실 중년만 돼도 청춘이 가진 시간이 그렇게 탐이 날 수가 없습니다. 30~40대에는 10~20대의 젊음을 부러워하고 50~60대가 되어서는 30~40대 시절을 갈구하게 되니 사람의 욕심은 정말 한도 끝도 없는 것 같습니다. 그러니 자신이 갖고 있지 않은 것에 몰두하여 열등감을 키우기보다 꿈을 세움으로써 인생을 건강하게 다져나가길 바랍니다. 꿈도 어린 사람을 좋아합니다. 한 살이라도 어릴 때 꿈을 세워야 오랜 시간 수혜를 입을 수 있으니까요. 그러니 얼마나 좋은 때입니까.

자연에서 찾은 노년의 꿈, 나무 심기

그렇다고 꿈이 청춘만의 전유물이라고 말하는 것은 아닙니다.

미국의 사업가이자 시인, 인도주의자였던 새뮤엘 울먼Samuel Ulman은 "청춘은 인생의 어느 한 시기가 아니라 마음의 상태"에 있으며, "장밋빛 볼, 붉은 입술, 유연한 무릎이 아닌 의지와 상상력, 격정"에 있다고 했습니다. 맥아더 장군이 애송했다 해서 더 유명해진 시입니다.

청춘은 인생의 어느 한 시기라기보다, 마음의 상태를 말하네
그건 장밋빛 볼, 붉은 입술, 유연한 무릎의 문제가 아니며
굳건한 의지, 풍부한 상상력, 힘찬 열정의 문제이네
그건 인생의 깊은 샘에서 솟아오르는 신선함을 말하네

청춘은 안락함보다는 모험을 추구하며

소심한 두려움보다는 용기로 충만한 기상을 말하네

청춘은 종종 스무 살 젊은이보다

예순의 노익장에게서 더 자주 보게 되네

단지 나이를 먹는다고 해서 우리가 늙는 것이 아니네

이상을 단념함으로써 우리는 늙어 가네

(이하 생략)

- 새뮤얼 울먼, 〈청춘Youth〉

'물리적인 나이'보다 '마음의 나이'를 강조한 새뮤얼 울먼 덕분에 저 같은 노인도 꿈을 가질 수 있게 되었습니다. 감사한 일입니다. 단 청춘의 꿈과는 방향이 달라야 합니다. 중년 이후부터는 나이에 맞게 꿈을 가져야 욕망으로 비치는 일을 경계할 수 있기 때문입니다.

저는 욕망은 언짢은 힘, 가치는 행복한 힘이라고 부릅니다. 젊을 때는 욕망을 갖고 꿈을 키워나가도 괜찮습니다. 대놓고 욕망을 가져야 할 시기이기도 하거니와 욕망에서 가치로 전환할 만한 기간이 충분하기 때문입니다. 하지만 중년 이후는 꿈의 방향이 가치로 향해 있어야 합니다.

나이 들어서 무슨 일을 해야 가치 있게 살 수 있을까에 대해 골몰하면서 '가치 있는 꿈이 무엇인가'에 대한 질문과 만나게 되었습니다. 그 결과, 논쟁의 한가운데에 서지 않으면서 오해와 번민이 생겨나지 않는 꿈이면 좋겠다는 나름의 답을 찾았습니다. 그런데 이것만 가지고는 기초공사가 덜 된 느낌이 들어 두 개의 기둥을 더 찾아냈습니다. 하나는 정치로부터의 자유요, 다른 하나는 종교로부터의 자유입니다. 여기에 꿈의 가치를 더하니 자연이라는 답이 나왔습니다.

이것이 나무 심기라는 꿈과 만나게 된 긴 여정입니다.

경북 청송에 값이 안 나가는 산을 매입해 한 그루, 한 그루 나무를 심을 꿈을 꾸고 있습니다. 젊을 때는 정치나 종교와 관련한 오해가 생겨도 술 한잔하면서 풀러 다니고, 번민도 좀 하면서 일을 해나갔지만 나이가 들면 체력과 기능이 달립니다. 더더욱 내면으로 침잠沈潛되는 취미가 필요합니다.

오늘은
나무가 도덕경입니다

나무를 가만히 보면 《도덕경》이 됐다가 《국부론》이 됐다가 《이솝우화》가 됩니다. 전천후 백과사전이 따로 없습니다. 책의 재료가 나무인 것을 보면 나무는 앉으나 서나 우리에게 배움을 주는 존재인가 봅니다.

나무가 《이솝우화》가 된 이야기를 들려드리겠습니다. 1월 중순쯤 지리산 둘레길을 걸은 적이 있었습니다. 눈이 많이 내렸는지 가지가 부러진 나무들이 눈에 띄었습니다. 잎이 없는 낙엽수들은 괜찮은데, 향나무나 소나무처럼 잎이 우거진 상록수들은 눈의 무게를 견디지 못하고 가지들이 땅에 닿아 있었습니다.

저와 동행자들이 등산 스틱으로 눈을 털어주자 땅에 닿았던 가지들이 다시 하늘로 치솟으며 제 모습을 찾았습니다.

그래도 땅에 가지가 닿았던 나무들은 살아 있으니 다행입니다. 꽤 많은 나무가 뿌리째 뽑혀 생을 다하였는데 죄다 몸통보다 잎이 큰 나무들이었습니다. '나뭇잎을 버렸으면 살았을 텐데……'라며 버림의 미학, 욕심의 정도에 대해 생각하는 계기가 되었습니다. 《이솝우화》의 마지막 이야기로 넣어도 손색이 없을 만큼 큰 교훈을 준 경험이었습니다.

이처럼 자연은 우리에게 많은 지혜를 일러줍니다. 등산해 본 사람은 알겠지만 골짜기가 깊은 산일수록 나무가 곱게 자랄 환경이 되지 못합니다. 땅이 평평하면 나무가 곱게 자라지만 바위틈에서 뿌리를 내린 나무들은 그 바위를 안은 채 성장합니다.

그 모습은 마치 엄마가 팔로 아이를 안은 듯합니다. 그런데 신기하게도 가지가 무거운 바위를 안고 있는 모습은 보는 이로 하여금 전혀 불안함을 느끼지 않게 합니다. 오히려 평온해 보이기까지 합니다.

만약 그 나무가 바위를 받아들이지 않았다면 어떻게 되었을까요? 아마도 부러졌거나 제명을 채우지 못했을 겁니다. 이 또한 자연의 섭리입니다. 물 흐르듯이 바위를 수용하는 자세. 어떻습니까? 인간의 본성을 자연에서 찾아야 한다는 노자의 '무위자연無爲自然'과 맞닿아 있지 않나요? 저는 그렇게 보았습니다.

나무 심기를 하면서 한 가지 더 설레는 것이 있습니다. 나무를 심은 지 얼마 안 되었으니 제가 사는 동안은 그곳에서 그리 제대로 된 과실을 보지 못할 겁니다.

꿈을 심어놓고 생을 마감하니 이만하면 뿌듯한 인생이라고 생각합니다. 끝에서 시작을 남겨두는 것. 내 선에서 마감을 하기보다 후배가 마감할 여분을 남겨두는 것. 이것이야말로 선배들이 가져야 할 '후배에 대한 예의'가 아닐는지요.

구두로
내게 사치를
허락하던 날

대구 아카데미극장 옆에 상신 구두점이 있었습니다. 그때는 대학 학보사를 통해 대학생 할인권을 구해 500원만 주면 괜찮은 구두를 살 수 있었습니다. 구두의 뒤축을 수리하고, 양귀비라는 염색약으로 해진 곳을 보완하고, 또 약칠하면 제법 반반한 구두가 되었습니다. 그러다 어느 이른 봄날, 그 구두를 신고 서울로 입성했습니다. 그리고 '서울 구두에 대한 동경'도 함께 시작되었습니다. 벌써 50년이 훌쩍 넘은 옛일입니다.

셰익스피어의 〈리어왕〉 2막 4장에 보면 딸이 신하들을 빼앗아 가려고 하자 리어왕이 딸에게 "필요를 논하지 마라. 가장 천한 거지도 구차한 소유물 가운데 생존에 필요한 한 가지는 걸치고 있구나."라며 응수하는 대목이 나옵니다. 갑자기 웬 리어왕 이야기냐고요? 누구든지 인생을 살면서 이거 하나만큼은 무리를 해서라도 갖고 싶은 것이 있기 마련입

우보천리 동행만리

니다. 먹고사는 것에 도움이 되지 않지만 그래도 누리고 싶은 단 하나의 사치품. 제게 구두가 그랬습니다.

새문안교회를 지나 광화문 사거리에 위치한 금강구두 직영점은 제게 처음으로 사치품에 대한 욕구를 불러일으킨 장소입니다.

하루걸러 그곳을
들어갔다 나오고
들어갔다 나오고
들어갔다 나오고

새 구두를 사고 싶었지만 살 용기가 나지 않아 정문으로 들어갔다가 작은 뒷문으로 나오기를 반복했습니다. 일종의 '퇴근 의식'이 되어버렸죠. 구두 구경을 하고 있으면 늘 저에게 종업원이 다가왔습니다. 가격을 문의하니 1,800원 정도였습니다. 당시 구두 50켤레 정도는 사도 될 만큼의 월급을 받았지만 속은 여전히 촌사람인지 비싼 구두를 덥석 집어 올릴 수 없었습니다. 그렇게 가정의 달 5월은 제게 구두의 달이 되어버렸습니다.

퇴근길 버스 안에서 내 구두와 다른 사람의 구두를 쳐다보면 '이제 그만 시골 구두에서 서울 구두로 갈아타라'는 회사 사람들의 독촉이 생각나면서, 동시에 돌아가신 아버지의 낡은 구두도 떠올랐습니다. 아마 세상의 모든 아들은 아버지의 구두를 상징처럼 기억할 겁니다.

아버지의 구두는 처자식을 먹여 살리느라 뛰어다닌 한 남자의 역사입니다. 비록 아버지가 신은 구두를 물려받아 신을 수는 없지만, 대부분의 아들이 아버지가 산 '가장의 삶'을 물려받습니다. 아버지의 인생을 똑같이 밟는다는 점에서 아버지의 구두를 물려받은 거나 다름없습니다. 저는 유달리 아버지의 빈자리가 커서 그런지 구두를 쉽게 바꾸지 못했습니다.

비싼 구두를
허락한 이유

그런데 마음이 바뀐 웃지 못할 사건이 있었습니다. 구두의 달인 5월을 보내고 구두를 사지 않기로 한 7월 초 어느 날이었습니다. 동료들이 협우회 대출을 받는다면서 보증인란에 날인해 달라는 부탁을 해왔습니다. 당시에는 보증을 해주는 일이 요식 행위에 불과해서 그다지 위험할 게 없었습니다. 대출 서류에 날인을 부탁한 그들은 하나같이 일류대를 졸업하고 회사에서도 유능한 직원들이었습니다.

"집안에 무슨 일이라도 있노? 대출을 받게."
"그게 아니라 제주도로 휴가 가려고요."
"빚을 내어 놀러 간다고?"
"네. 요즘 다 그래요."

요즘이야 해외여행이 흔해졌지만 그때만 해도 제주도는 아무나 갈 수 있는 곳이 아니었습니다. 아무리 그렇다 해도 휴가를 가려고 대출을 받는다는 생각이 놀라웠습니다. 전봇대에 머리를 부딪친 것 같은 강한 충격이 전해왔습니다.

구두 한 켤레도 사지 못해 망설이는 나와 휴가 가려고 대출을 받는 그들에게는 어떤 차이가 있는 것일까? 그날 밤 하숙방 천장을 보면서 많은 생각을 했습니다. 일찍 돌아가신 아버지, 어렵게 학교에 다니는 동생들, 힘들게 집안을 꾸려가고 있는 어머니와 할머니, 그 틈에서 기둥으로 살아온 내 지난날이 소낙비처럼 스쳐 지나갔습니다. 그러자 문득 '과연 나는 이 사회에서 정상적인 삶을 꾸려나가고 있는가?', '어쩌면 그들이 시류에 맞게 사는 삶일 수도 있겠다'라는 생각이 들었습니다.

다음 날 점심시간에 서둘러 식사를 마친 저는 광화문 양화점에 들러 디자인도 보지 않고 구두 두 켤레를 사서 사무실로 돌아왔습니다.

그날은 제게 역사적인 날입니다. 제주도로 휴가를 떠나기 위해 대출을 받는 그들도 맞고, 나도 틀리지 않았다는 걸 증명하기 위한 푸닥거리 내지 돌출 행동이었지만 기분이 좋았습니다. 새 구두를 신고 가족을 위해 다시 한번 힘차게 뛰어보자고 생각하니 마음도 한결 가벼워졌습니다.

내가
돈을 쓰는 방법

아내는 아내대로, 가장은 가장대로 가족의 역사를 위해서도 살아야 하지만 나의 역사를 위해서도 살아야 한다는 걸 그때 처음 깨달았습니다. 너무 욕구를 누르기만 하면 압력밥솥 터지듯 폭발할 수 있습니다. 나 자신의 욕망에도 귀 기울여야 내가 지키고 싶은 가족도 제대로 지킬 수 있습니다. 그렇지 않으면 어느새 가족이 버거운 존재로 다가와 결과적으로 모두가 불행해질 수 있습니다.

사고 싶은 구두 하나 사놓고 제가 너무 말이 많았나요? 사실 고기도 먹어본 놈이 먹는다고 돈도 써본 사람이 잘 쓰는 것 같습니다. 그 이후 저는 과소비를 해본 적이 없습니다. 지금은 그때보다 여유 있는 삶을 살고 있는데 돈이 많아졌다고 해서 특별히 더 누리는 것은 없습니다. 좋은 점이 있다면, 첫 번째는 사고 싶은 책을 원 없이 살 수 있다는 점이고, 두 번째는 지인들에게 밥을 마음껏 살 수 있다는 겁니다. 마음의 양식, 몸의 양식 등 식食에 쓰는 돈은 아깝지 않은데 아직도 의衣나 주住에 쓰는 돈은 아깝습니다.

누구나 본인이 감당 가능한 소비 상한선이 있기 마련입니다.

상한선 내에서 물건을 사면 기분이 좋지만 선을 넘어가게 되면 갖고 싶은 물건을 사고도 마음이 불편합니다. 그래서 저는 평소 기준을 마련해 놓습니다.

우선 이미 갖고 있는 품목이 멀쩡하면 같은 품목에 돈을 쓰지 않습니다. 회사 가구의 평균 연식이 10년이 넘는데, 왜 남의 눈에 잘 보이기 위해 돈을 써야 하는지 모르겠습니다. 화려한 인테리어나 가구는 오히려 저를 불편하게 만듭니다. 두 번째 기준은 수집 또는 전시해두고 싶은 품목이 있으면 근검을 실현한 뒤 사는 것입니다. 부지런히 일한 뒤 검소하게 구입하는 자세가 근검입니다. 평소 소牛 장식품을 모으는 취미가 있는데 소처럼 일한 뒤, 소를 들여놓는 재미가 꽤 쏠쏠합니다.

잘만
주고받아도
관계가
상하지 않습니다

'상경相敬'

　누구든 서로 예의를 갖추고 존경해야 관계가 오래갑니다. 저는 관계를 맺을 때 친구의 친구와는 말을 놓지 않는 것을 원칙으로 삼습니다. 친구는 직접적인 관계라 말을 편하게 해도 상관없지만, 한 다리 건너서 알게 된 사람과는 그럴 이유가 없다고 생각합니다.

　희한하게 저만 그런지 모르겠지만 누군가에게 말을 놓으면 제 심장도 그만큼 낮아지고, 말을 높이면 심장도 올라가는 기분이 듭니다. 굳이 친구의 친구에까지 심장을 낮출 필요는 없다고 생각해 상대가 말을 놓자고 해도 상경을 고집합니다.

　거리가 좁혀지는 이점이 있을 수 있지만 예의 또한 놓을 수 있기 때문입니다. 특히 거절해야 할 상황에서는 난감하기 이를 데가 없습니다.

상경하는 사이로 있을 때는 정중히 거절하는 것도 받는 것도 가능한데, 편하게 말을 주고받는 사이에서의 거절은 감정을 상하게 만듭니다.

거절 이야기가 나왔으니 '기브 앤 테이크give and take'에 대한 이야기를 하지 않을 수 없습니다. 우리는 누군가와 친분을 맺을 때 상대와 내가 무엇을 주고받을 수 있는가도 고려하게 됩니다. 그것은 기쁨이나 슬픔처럼 정서적인 것일 수도 있고, 정보나 인맥처럼 좀 더 실용적인 것일 수도 있습니다. 이런 호혜 관계가 나쁘다고 생각하지 않습니다. 문제는 주고받을 때 갈등이 빈번히 일어나는데 이때 주는 사람의 예의, 받는 사람의 예의만 알아도 이런 갈등을 방지할 수 있습니다.

받을 때보다 줄 때
더 예의가 필요합니다

누구나 받는 사람이 되기도 하고, 또 주는 사람이 되기도 합니다. 주는 위치, 받는 위치에서 저지르는 실수가 있는데 먼저 받는 위치에 놓였을 때 주의하면 좋을 것에 대해 말씀드리고 싶습니다.

자존감이 높은 사람일수록 주변에 도움을 요청하는 능력이 뛰어나다고 합니다. 받길 원하는 사람이 무조건 나쁘지만은 않습니다.

문제는 정도가 심할 때 나타납니다. 상대에게 기복기도의 수준으로 원하는 것을 관철하려고 하면 관계가 틀어질 수밖에 없습니다. 기복기도란 대입, 취업, 승진 등 자신이 원하는 것을 위해 드리는 기도입니다.

이러한 기도를 지인에게 아무렇지도 않게 하는 사람들이 있는데, 경계해야 합니다.

'우리 사이라면 이 정도 부탁은 들어줘야 하는 거 아니냐'라는 마음으로 부탁을 하는 경우, 상대가 들어주면 문제가 되지 않지만 거절이라도 해올 때는 배신감과 상실감이 배로 커집니다. 생각이 감정을 만든다고 했습니다. 그래서 저는 '내가 원하는 것을 얻고 싶어 하는 주체이듯, 상대는 거절할 권리가 있는 주체이다'라는 인식을 권하고 싶습니다. 이런 마음가짐으로 부탁을 해야 상대방이 거절하더라도 부탁의 문제를, 관계의 문제로까지 끌고 가지 않을 수 있습니다.

이번에는 주는 위치에 있을 때 조심해야 할 태도에 대해 생각해 볼까요? 상대가 도움을 요청한다고 해서 상대를 '을'로 대하는 것. 저는 이것이야말로 '갑질'이라고 생각합니다. 사람 마음이 참 얄팍한 게, 내가 아쉬워서 도움을 요청할 때는 긴장이 되어 여러모로 살피게 되지만 주는 위치에 있을 때는 긴장할 이유가 없으니 오히려 더 자주 실수를 합니다.

처음에는 분명 주는 사람이었는데, 나중에 보니 받는 사람으로 신분이 바뀌는 경우가 있습니다. 도움을 주기로 했다면, 주는 위치에서 끝내는 것이 호의의 품격을 지키는 방법입니다.

그런데 자신이 해준 것을 들먹이며 은근슬쩍 상대의 헌신을 받아내려는 사람이 있습니다. 이건 처음에만 줬다 뿐이지 결국 받는 사람이 되는 것이나 다름없습니다. 상대를 존중하는 마음이 바탕이 돼 있지 않아서 그렇습니다.

우보천리 동행만리

그래서 기브 앤 테이크의 절대 원칙은 상경입니다. 받는 사람은 정도를 지켜가며 도움을 얻어야 하고, 주는 사람은 도움 준 것을 담보로 상대를 조정하려고 하면 안 됩니다. 이것만 잘 지켜도 건강한 호혜 관계를 만들 수 있습니다.

쉽게 감정을
해소하지 않을 용기

갈등에서 갈葛은 '칡'을, 등藤은 '등나무'를 가리킵니다. 문제는 이 둘이 성장하는 방향이 극과 극이라는 데에 있습니다. 칡은 우측으로 감아 들어가는 데 반해 등나무는 좌측으로 감아 들어갑니다. 하나는 좌측으로, 또 하나는 우측으로 향하니 얼마나 찢어지는 심통을 겪어야 하겠습니까.

그 모습이 우리네 갈등과 많이 닮았습니다. 관계에서 갈등이 일어나면 나는 상대 탓을 하고, 또 상대는 내 탓을 합니다. 칡과 등나무처럼 서로 가리키는 방향이 상극인 셈이지요.

그러나 이것보다 더 큰 문제가 따로 있습니다. 갈등을 단순히 '대상의 문제'로 간주하면 문제의 본질을 생각하지 못하게 됩니다. 그나마 열 걸음을 가야 '왜 상대가 화를 냈을까'라는 생각과 만나게 되고, 또 거기서 열 걸음을 떼야 '내가 잘못한 점도 있네'라는 반성과 만나게 됩니다. 이 과정에서 오해는 줄고 이해는 늘어납니다. 무슨 문제든 상관없이, 생각이 한 줄이면 바로 감정을 사용하게 되지만, 생각이 세 줄이면 세 번 생각한 후에 감정을 사용하게 됩니다. 이런 측면에서 시간을 갖는다는 건 감정을 지연시키는 것과 동의어입니다.

꿈을 세우자마자 이뤄야 하는 것이 아니듯, 관계도 갈등이 일어났다고 해서 바로 해결해야 하는 것은 아닙니다. 즉시성은 중간 과정을 생략시켜 깊숙한 뿌리까지 문제를 해결하지 못하게 만드니 늘 경계해야 합니다.

갈등이 일어났으면 상대방과 문제를 해결하기 전에 먼저 스스로 문제를 해결하는 시간을 갖는 것이 바람직합니다. 초반에 갈등을 해결하려고 들면 들수록 '나의 분노, 너의 분노'가 만나 2차 전쟁을 치를 확률이 높습니다. 반면, 어느 정도 시간이 지나 '나의 숙고, 너의 숙고'가 만나면 서운함이 반으로 줄어들게 됩니다.

시간만큼 감정 관리에 특효약이 없습니다. 무엇보다 시간을 두어야 하는 이유가 있습니다. 당장 감정을 해소하고자 했을 때 전개되는 상황을 들여다보겠습니다.

사람들은 대개 속상한 감정을 해결하기 위해 공격, 회피, 취소 같은 방어기제를 사용합니다. 그 결과 '내 탓이오'라며 갈등의 책임을 자신에게 돌리는 쪽은 관계에 부담을 느끼게 되고, 반대로 '네 탓이오'라며 상대에게 책임을 돌리는 쪽은 분노를 해소하기 위해 상대를 공격하여 관계를 상하게 만듭니다. 둘 다 건강한 방법이 아닙니다.

이처럼 관계에서 중요한 건 갈등이 일어나지 않도록 하는 것이 아닙니다. 사람은 다른 사람과 어울리면서 살아야 하는 사회적 동물이기에 갈등은 불가피한 일입니다. 갈등이 일어났을 때 즉시 해결하고자 하는 욕구에 끌려다니지 않는 연습. 이것만 해도 관계 관리가 쉬워질 수 있습니다.

칡과 등나무가 반대 방향으로 자라는 통에 아픔을 겪는다면 담쟁이덩굴은 어떤가요. 아무런 질서 없이 얽혀 있는 듯 보이나 서로 손을 잡고 벽을 타는 모습을 볼 수 있습니다. 질서가 없으면 보는 이의 마음도 어지럽기 마련인데 저는 담쟁이덩굴을 볼 때마다 전구를 달아 크리스마스트리로 만들고 싶은 마음에 사로잡힙니다. 그래서 오늘 또 보러 갑니다.

2장

사람 경영

사람을 알면
경영이 보인다

天不生無錄之人
地不長無名之草

하늘은 녹 없는 사람을 내지 아니하고, 땅은 이름 없는 풀을 기르지 아니한다는 뜻입니다. 《명심보감》에 나오는 구절입니다. 이 구절을 보면서 사람에 대해서, 또 직원들에 대해서 생각해 봅니다. 인재는 정해진 것이 아니라 누구나 될 수 있으며, 그러기 위해 리더는 사람을 볼 때 장점을 먼저보는 훈련을 해야 합니다.

현장에
오래 있으면
답이
보입니다

경제학은 이론이지만 경영학은 실천입니다.

경영을 'The practice of management'라고 말하는 이유는 이렇게도 해보고 저렇게도 해보면서 상황에 맞는 최적의 답을 찾는 것이기 때문입니다. 개인적으로 '이렇게 해보고 저렇게도 해보고'라는 말을 좋아합니다. 남들은 비켜 가는 일이지만 좌충우돌하는 사람은 '못의 다른 쓰임'이라도 발견하는 사람이기 때문입니다.

현장에 나가 단계적으로 케이스 스터디를 하는 것만큼 효율적인 경영 공부는 없습니다. 그래야만 일을 하나부터 열까지 제대로 꿰찰 수 있고 전체적인 그림에서 문제를 조감할 수 있습니다.

농협을 그만두고 제약회사에 다닐 때였습니다. 어느 날 공장장을 맡아보지 않겠냐는 제안을 받았습니다. 일반적으로 제약회사의 공장장은 약사들이 맡는 편입니다. 약을 식별할 줄 알아야 제품이 만들어지는 과정에서 일어나는 실수에 제동을 걸 수 있기에 약에 대한 지식이 절대적으로 중요합니다. 그런 측면에서 저는 핵심 지식을 갖고 있지 않은 최초의 관리자였던 셈입니다.

회사에서 비非약대 출신을 공장장으로 발령 낸 것은 매니지먼트 역량이 필요하다는 판단 때문이었습니다. 회사에 제 역량이 도움 된다고 생각하니 부족했던 자신감이 조금씩 커지기 시작했습니다.

다행히도 현장에는 약사 4명이 관리부장으로 있었습니다. 핵심 지식을 갖고 있는 데다 이미 현장에서 일하고 있는 그들의 마음을 붙드는 일이 중요하다고 생각하여 의사결정을 내릴 때는 그들을 적극 참여시켰습니다. 특히 약과 관련된 의사결정을 내릴 때는 4명 중 3명이 찬성하면 진행하고, 3명이 반대하면 재고하였습니다. 2:2 상황이면 어느 쪽이 더 진정성을 가지고 안건을 보았는지를 놓고 판단하였습니다.

생각을 모아 이익을 더하는 집사광익集思廣益으로 협업해 나가니 일에 재미가 붙었습니다. 덕분에 저는 공장과 공장 사이의 경계를 보고, 현장 라인에 맞게 인력을 배치하는 등의 관리 영역에 더 집중할 수 있었습니다.

생산성을 높이려면
불량품을 줄이면 됩니다

무언가 판단하기에 앞서 관찰에 시간을 많이 들일수록 더 많은 것이 보입니다. 저는 공장장으로 부임한 뒤 2주 정도 공장 구석구석을 관찰하여 두 가지 문제점을 찾아냈습니다.

첫 번째가 제대로 먹지 못하는 직원들입니다. 당시 회사에서 식사를 제공하지 않아 대부분 도시락을 싸서 다녔는데, 가만히 보니 그마저도 준비 못 해 굶주리는 근로자가 많았습니다. 끼니도 해결되지 않는데 무슨 경영 이론이 유용하겠으며, 생산성 제고가 가능할까 싶은 마음에 끼니 해결이 우선 급하다는 생각이 들었습니다.

'어떻게 하면 회사가 점심을 제공하도록 할 수 있을까'를 두고 몇 날 며칠을 고민하였습니다. 별것 아닌 것 같지만 회사 입장에서는 이전에 잡아놓지 않은 비용이 발생하는 일입니다. 그것도 천 명에 가까운 직원들의 식사 비용이니 갑자기 치러야 할 비용치고는 금액도 컸습니다. 회사를 설득해야 했습니다. 그래서 떠올린 방안이 회사가 현장 근로자들에게 가장 원하는 '높은 생산성'과 '직원의 복지 향상'을 맞바꾸는 것이었습니다.

당시 경험은 저에게 또 다른 의미가 있습니다. 이론과 실습을 접목하여 이 둘이 통하는 파이프라인을 만들고 싶다는 오랜 제 꿈이 실현된 첫 케이스이기 때문입니다.

손익계산서를 보니 '불량품 처리 비용'이 기타 항목으로 잡혀 있었습니다. 모든 제조 기업은 불량품 관리와 환불 재고 관리가 전체 영업이익을 결정할 만큼 중요한 변수로 작용합니다. 물류 창고비, 운송비, 폐기 비용, 케이스 처리 등 만만치 않은 비용이 들어가기에 불량품만 줄여도 생산성이 올라가겠다는 생각이 들었습니다.

곧바로 공장으로 출근해 오전과 오후의 제품 불량률을 조사하여 통계를 내보니 예상대로 오후의 불량률이 오전보다 훨씬 높았습니다. 오후 불량률을 오전 수준으로 낮췄을 때 회사가 얻는 이득과 점심으로 나갈 비용을 비교한 보고서를 만들어 회사에 제출했고, 동시에 근로자 대표들과 만나 불량률을 낮추자는 합의를 이끌어냈습니다.

사무실에 앉아서 손익계산서만 보고 있었다면 불량품 처리 비용을 점심 비용으로 연결하겠다는 발상은 하지 못했을 겁니다.

이런 일을 여러 번 겪으면서 현장 지식의 중요성에 대해 더욱 통감하게 되었습니다.

흔히 직원의 충성심은 높은 연봉에서 나온다고 합니다. 하지만 금전이 만병통치약인 것만은 아닙니다. 직원들이 회사를 떠올렸을 때 '끼니도 해결하지 못하는 환경'이라는 첫인상을 지워주는 일. 이것만 해줘도 생산성은 저절로 올라갑니다.

왼손잡이를 인재로 만드는 간단한 방법

현장에서 발견한 두 번째 문제점은 비효율적인 인력 배치였습니다. 단순한 것 같지만, 시력이 좋은 직원에게는 검사와 분류하는 작업을, 손이 굵고 큰 사람에게는 무게를 감당하는 일을, 손가락이 얇고 가는 사람에게는 민첩함이 요구되는 용기 포장 업무를 시키는 것이 생산성을 올리는 방법입니다.

왼손잡이도 마찬가지입니다. 오른손잡이 입장에서만 보면 왼손잡이의 효율성을 가질 수 없습니다. 왼손잡이 직원이라면 왼손잡이가 필요한 곳에 배치함으로써 인재가 되도록 만들면 됩니다.

지금은 장비가 첨단화되었지만 그때만 해도 기계의 수준이 높지 않았습니다. 어느 현장에서나 왼쪽에서 먼저 처리하고, 오른쪽이 보조하면 좋은 작업이 존재하기 마련입니다.

예를 들어 좌측에는 포장 케이스를 여는 일손이, 우측에는 닫는 일손이 필요하다면 왼손잡이 직원을 배치하는 게 효율적입니다. 보통 뚜껑을 여는 일이 닫는 것보다 시간이 오래 걸리기 때문입니다. 첫 작업에서 막히면 도미노 현상이 일어나 후속 과정도 느려지게 됩니다. 기계 한 대가 느려도 답답한데 수십 대의 기계가 느려진다고 생각해 보세요.

저는 작업반장들에게 이 일은 왼손잡이 직원을 배치하는 것이 좋을 것 같다고 하였고 실제로 왼손잡이 직원을 배치해 보니 효율이 두 배나 올라갔습니다. 왼손잡이 직원이 두 명 정도 더 있다고 하여 오전 오후로 나눠서 배치하였습니다. 한 사람이 같은 업무를 하면 과부하에 걸리지만 인원수만큼 분산하면 부담 없이 해낼 수 있겠다고 판단하였습니다.

이 일을 계기로 관리자는 하나를 백으로 볼 줄 알아야 한다는 사실을 배웠습니다. 가상으로나마 숫자를 키워서 현장을 봐야 집요하게 문제를 파고들 수 있습니다.

'막히는 기계가 1대가 아니라 100대라면?'

이러한 가정은 적극적으로 효율성을 높이는 방안을 고민하게 만듭니다. 반대로는 '손실액'을 크게 추정해 봄으로써 낙숫물이 댓돌을 뚫는 일이 생기지 않도록 미리 고민하게 만듭니다. 그러니 현장에 끊임없이 자신을 두되, 그 안에서 일어나는 일들을 크게 보는 훈련을 해보기 바랍니다. 이것만으로도 남들이 보지 못하는 벽돌 사이의 틈을 발견하여 메울 수 있습니다.

삐져나온 송곳을
다시 집어넣은 이유

여름철이면 기업에서 직원들에게 휴가와 휴가비를 줍니다. 7, 8월이면 1년 중에서도 한가운데에 있다고 볼 수 있는데 저는 휴가비를 중간 결산이라고 생각합니다. '반년 정도 열심히 일했으니 나에게 휴가를 주자' 이런 개념이지요. 그런데 이 휴가비가 전체 커리어 중에서도 발생합니다.

실무자로서 가장 살이 오르면 신기하게 업계에 소문이 납니다. 꾸준히 하다 보면 가치가 커져 소문이 나는데 이것을 낭중지추囊中之錐라고 이야기합니다. 낭중지추는 송곳의 끝이 뾰족하여 가만히 있어도 주머니를 뚫고 나온다는 뜻으로, 재주가 뛰어난 사람은 저절로 드러난다는 말로 자주 인용됩니다. 주머니를 뜻하는 '낭'은 업계를 말하며, 송곳을 뜻하는 '추'는 소문이 나거나 드러나는 행위를 말합니다.

저 역시 일생에서 송곳이 된 적이 한 번 있었습니다. 제약회사에서 관리, 생산, 영업, 마케팅을 두루두루 거치다 보니 홍콩의 헤드헌터 사에서 스카우트 제안이 들어온 것입니다. 스위스 제약회사의 전문경영인 자리며, 두 배의 연봉과 고급 차량을 지급한다는 조건이었습니다. 이때 제 나이가 40대 초반이었는데 제안을 받고 '나에게도 좋은 날이 오는구나' 싶어 한동안 들떠 있었습니다.

부모가 만들어준 돈이나 연줄이 불공평하게 주어진 열매라면, 인내심을 갖고 한 분야에서 열심히 일하여 얻은 기회는 누구나 가질 수 있는 공평한 열매입니다. 시간이 좀 걸려서 그렇지 자력으로 얻은 열매라 그 맛이 꽤 달콤합니다.

제안을 받고 고민하는 과정에서 '다른 기업의 전문경영인으로 가는 것도 기업가라는 꿈을 이루는 것이 아닐까'라는 생각도 솔직히 들었습니다. 하지만 이건 합리화일 뿐입니다. 제안을 받아들이면 모양새는 갖춰지겠으나 본질적인 문제가 해결되는 선택은 아닙니다.

특히 기업가라는 최종 꿈을 기준으로 역추적한 결과 5년 정도의 경력이 더 필요하다는 계산이 나왔습니다. 이것이 삐져나온 송곳을 다시 주머니 안으로 집어넣은 이유였습니다.

감사하게도 스카우트 제안을 거절하자 다양한 부수익이 따라왔습니다. 당시 제안해온 스위스의 제약회사가 종근당의 자회사였는데, 그쪽의 경영진과 제가 몸담고 있던 회사의 경영진이 막역한 사이였나 봅니다. 나중에 알고 보니 스카우트 제안을 한 쪽에서 우리 회사 대표에게 '이렇게 좋은 자린데 윤 전무를 놔줘야 하는 거 아니냐'며 연락을 했다고 합니다. 저를 불러서 '왜 안 갔느냐'고 묻길래 나중에 사업을 한번 해보고 싶다는 제 꿈에 대해 솔직히 털어놓았습니다.

이 과정에서 생각지도 못한 '낭중지추의 마법'이 또 일어났습니다.

첫 번째 낭중지추가 한 분야에서 오랫동안 일하는 과정에서 스카우트 제안이 들어오는 식으로 나타났다면, 두 번째 낭중지추는 그 제안을 거절함으로써 저에 대한 신뢰가 높아지는 방식으로 나타났습니다.

꿈을 한번 세워두니 이렇게 편할 수 없습니다. 불필요한 고민을 하지 않아도 되고, 시시때때로 찾아오는 유혹에도 흔들리지 않으니 꿈의 효과를 톡톡히 본 셈입니다.

속과 겉의
균형을 이루는 연습

영장류 학자로 잘 알려진 프란스 드 발Frans De Waal은 도덕성이란 인간의 이기적인 본성을 겨우 가려놓은 덮개에 불과하다며 '판뚜껑 이론 veneer theory'을 내세웠습니다. veneer의 사전적 의미를 찾아보면 허식, 겉치레라는 뜻입니다. 제 임의대로 허식 덮개, 겉치레 덮개라고 하겠습니다.

겉으로는 뭔가 갖춰진 듯 보이지만 판으로 가려진 속이 겉과 완전히 다를 때 인생은 곪습니다. 안의 것은 '선'이고 겉의 것은 무조건 '악'이라는 말이 아닙니다. 겉과 속의 차差가 흑과 백처럼 크게 나지 않도록 관리하겠다는 의지, 이것이 인생이 건강해질 수 있도록 돕는 방법입니다. 겉과 속이 다르면 다를수록 편향된 삶을 살 수밖에 없습니다. 외양의 수준을 지키는 데만 골몰하느라 정작 중요한 속을 살필 정신이 없기 때문

우보천리 동행만리

입니다.

표면을 해결했다고 해서 결코 뿌리까지 변하지는 않습니다. '이 정도 나이를 먹었으면 진로에 대해 그만 고민해도 되지 않나', '뭔가 많이 한 것 같은데 왜 남는 건 없지'라는 고민을 가진 분이 있다면 '표면만 갖춘 건 아닐까'라며 자문하는 시간을 가져보길 바랍니다.

'효율성 높은 삶이란 무엇인가'에 대한 답도 함께 생각해 보면 도움이 됩니다. 대개 효율성이라고 하면 속도를 연상합니다. 빨리 원하는 것을 얻고 성과를 올리는 삶을 효율성이 높다고 간주합니다. 그러나 저는 반복을 하지 않는 것이야말로 효율성이 높다고 생각합니다. 이 차이가 굉장히 중요한 게, 효율성을 '속도의 관점'으로 보면 단기적인 선택을 해도 무방하지만 '반복의 관점'으로 보면 장기적인 선택을 하게 됩니다.

삶의 이치를 보면, 단기적 이득이나 외양과 타협하느라 뿌리를 다지지 못하면 얼마 못 가서 발병이 나고 맙니다. 뿌리를 제대로 다져놓으면 10~20년을 가지만 외형은 변하는 것이 속성인지라 그 정도의 수준을 갖추기 위해서는 계속해서 노력을 기울여야 합니다.

세기의 부자들은 "같은 물건을 두 번 사지 마라. 한 번 살 때 좋은 것으로 사라."라며 조언합니다. 다소 값을 치르더라도 뿌리를 가지라는 주문입니다. 선택도 마찬가지. 같은 사안을 두고 반복해서 선택하고 그럴 때마다 또다시 시간과 에너지를 들이는 삶은 소모적일 수밖에 없습니다. 이러한 인생은 좀처럼 탄력이 없고 재미가 없습니다.

젊을 때는 상관없지만 중년만 넘어가도 체력과 에너지가 고갈되어 삶에 대한 집중력이 급격히 떨어집니다. 그래서 저는 반복적으로 같은 문제를 고민하지 않도록 인생을 경영하겠다는 문제의식에 별 다섯 개를 드리고 싶습니다.

그러려면 '본질을 선택하는 습관'과 친해져야 합니다. 본질은 딱 한 번 노력하면 두고두고 써먹을 수 있지만, 표면은 부질없는 노력을 매번 쏟아부어야 한다는 것만 기억해도 효율적으로 인생 경영을 할 수 있을 것입니다.

우보천리 동행만리

중견기업이 실현해야 할 겸제兼濟

한 사람이라도 더 채용하는 것. 이것이 기업가의 목표여야 합니다. 사회가 기업을 평가하는 기준은 '얼마나 많은 사람이 오래 머무르는가'가 되어야 하나 이것을 정량화하기 쉽지 않습니다.

그래서 영업이익이나 시가총액으로 기업의 가치를 평가하는 문화가 만들어진 것입니다. 기업이라면 이윤 창출은 기본이지 목표로까지 둘 필요는 전혀 없습니다.

'창출한 이윤을 어디에 쓸 것인가'라는 질문에 고용 확대라고 답을 내는 기업이 많아야 사회가 건강해집니다. 이때 사회의 역할도 중요한데 기업이 실현한 돈의 양量으로만 평가하지 말고 질質로도 평가하는 문화가 만들어져야 합니다.

양은 이윤이고 질은 고용입니다. 돈의 양과 질을 놓고 평가해야 사회가 중용을 이룰 수 있습니다.

　사실 목표는 목표대로, 결과는 결과대로 둬야 보상도 커지는데 많은 분이 이것을 놓치는 것 같습니다. 저는 회의할 때 매출이나 영업이익에 대해 일절 묻지 않습니다. 숫자부터 거론하면 거기서 회의가 일단락되어 중요한 이야기를 나눌 수 없기 때문입니다. 가끔 이런 성향을 모르는 임직원이 매출 보고를 하려고 하면, 성과는 결과일 따름이지 그것을 위해 뛰어갈 필요가 없다고 전합니다. 기업은 일단 직원들을 굶기지 않을 돈만 있으면 된다는 게 제가 가진 신념입니다.

　경영을 하고자 하는 사람에게만 해당하는 이야기가 아닙니다. 부자가 되기 위해서라도 돈에 대한 열망을 느슨하게 가져가야 합니다. 너무 돈, 돈 하면 돈이 붙지 않습니다. 김연아 선수가 전성기 시절 1년에 벌어들인 광고 수입이 150억 원에서 200억 원 정도라고 합니다. 돈을 목표로 스케이트를 탄 게 아니라는 것은 전 국민이 아는 사실입니다. 스케이트를 탄 결과로써 돈이 따라온 겁니다. 꿈이 먼저고, 돈이 그 뒤를 따르도록 해야 큰돈이 왔을 때도 앞에 놓인 삶이 무너지지 않을 수 있습니다.

중견기업이 서야
경제가 섭니다

고용 확대만큼 중요한 것이 일하는 환경 개선인데 대기업이 아닌 이상 이것을 해내기가 쉽지 않은 것이 사실입니다. 이런 때는 개인 기업보다 큰 단체의 힘을 빌리는 것도 좋은 방법이 될 수 있습니다.

하늘은 하늘의 역할이 있고, 땅은 땅의 역할이 있듯 각자 자신의 위치에 맞는 역할을 해야 사회가 건강해지는데 기업도 그렇습니다.

2023년 기준으로 자산규모 5,000억 원 이상, 10조 원 미만인 기업을 중견기업이라 합니다. 중소기업과 대기업 사이에 중견기업이 있는데 중견기업은 허수아비처럼 양팔을 뻗어 왼손으로는 중소기업의 손을, 오른손으로는 대기업의 손을 잡은 채 성장 사다리를 연결하는 역할을 해야 합니다. 즉, 겸제兼濟의 실현이 중견기업이 해줘야 할 역할입니다.

여기서 잠깐, 고민이 생길 때마다 찾는 선인 중 한 명인 다산 정약용 선생의 이야기를 하겠습니다.

다산 정약용 선생은 1797년 6월에서 1799년 4월까지 곡산 도호부 부사를 지냈습니다. 곡산은 황해도와 평안남도, 강원도와 함경남도가 부딪히는 변방의 국경 도시였습니다. 정약용 선생은 귀양 온 사람들을 돌보기 위해 '겸제원兼濟院'을 설립했습니다. 예전에는 죄인을 감옥에 넣는 대신 시골 변방이나 섬 등 제한된 공간에서 살게 하는 형벌을 내렸습니다.

귀양살이를 하게 되면 마을 주민들이 경제적 부담을 해결해 줍니다. 대부분 귀양 온 사람들이 양반이기에 그래야 먹고살 수 있었습니다. 대신 이 사람들은 마을 주민들에게 글을 가르쳐줍니다. 이런 식으로 상부상조했던 거지요. 이것이 겸제, 양쪽 다 구제한다는 말입니다.

저도 정약용 선생의 겸제를 중견기업이 어떤 방식으로 실현할 수 있을까에 대해 고민하다 '인재를 키우는 장'을 떠올렸습니다. 기업의 규모와 상관없이 통하는 것이 사람밖에 없으니 말입니다.

배움의 장을 통해 인재를 육성하면 작은 기업은 작은 기업대로 경쟁력이 생겨서 좋고, 대기업도 양질의 인재를 구축한 협력사들과 일하게 되니 이롭습니다. 인재의 격차를 줄이는 것이야말로 겸제입니다.

큰 사람 곁에 있으면 성장합니다

왜 젊은이들이 대기업이 아니면 가려고 하지 않을까요? 연봉과 복지의 차이 때문이기도 하지만 저는 '성장의 격차'가 더 큰 원인이라고 생각합니다. 대기업에 다니는 친구는 해외로 워크숍도 가고, 직무 교육도 받아서 성장하는 게 느껴지는데 자기는 뼈 빠지게 일만 하는 것 같은 생각이 들면 자존감이 떨어질 수밖에 없습니다.

그렇다고 작은 기업들이 열패감을 가질 필요는 없습니다. 작은 기업들도 직원을 성장시킬 수 있는 환경을 조성해 주면 되는데 그러려면 작은 기업의 CEO들이 생각을 전환해야 합니다. 보통 중소기업들은 대기업만큼의 여유가 없기 때문에 직원들 교육은 엄두를 내지 못한다고 생각하지만 그렇지 않습니다. 뜻을 모으면 할 수 있습니다.

중소기업 입장에서는 신입사원 5명이 있다면 이들을 모두 교육하는 게 쉽지만은 않을 겁니다. 강사비가 만만치 않아 교육을 하더라도 일회성으로 끝날 확률이 높지요. 하지만 열 곳의 중소기업이 뜻을 모으면 50명이 모이게 됩니다. 공동구매를 하면 제품을 싸게 살 수 있고, 생산 수량이 많아지면 많아질수록 단가 비용이 줄어드는 규모의 경제가 '공동 배움'에도 적용됩니다.

연못과 연못을 이어주면 어느 하나 물이 마를 일이 없습니다. 인재가 되는 데 필요한 공통 과목만 이수시켜도 많은 것이 달라질 수 있습니다.

경기도 여주에 가면 세종과 효종의 능이 있는데 그 근처에 한국콜마 여주아카데미를 마련하고 이런 장을 펼쳐놓았습니다. 작은 기업들이 모여서 부족한 배움을 채울 수 있도록 공간을 마련한 겁니다. 이미 여러 중소기업과 직원분들이 혜택을 누리고 있습니다.

분명 세종과 효종도 흐뭇해하실 겁니다.

나무들 세계에도 인간처럼 유유상종의 원칙이 적용됩니다. 큰 나무는 큰 나무끼리 살고, 작은 나무는 작은 나무끼리 살아야 생존할 수 있습니다. 큰 나무는 햇빛을 많이 받아야 살 수 있는데 이것을 두고 '향일성이 크다'라고 합니다. 큰 나무 곁에 작은 나무가 살면 햇빛을 적게 받아도 되는 種이 아닌 이상 거의 죽고 맙니다.

하지만 사람은 다릅니다. 큰 사람 옆에 있으면 많은 것을 보고 익힘으로써 성장을 꾀할 수 있습니다. 이를 "인장지덕人長之德 목장지패木長之敗"라고 합니다.

한쪽은 큰 것 때문에 죽고, 다른 한쪽은 그 덕분에 삶이 커지는 셈입니다. 그래도 얼마나 다행인지 모릅니다. 인간은 큰 사람의 도움을 받을 수 있으니 말입니다.

큰 사람 곁에 있으면 덕을 보는 것. 저는 이것을 '인장지덕의 법칙'이라고 부릅니다. 이때 큰 사람과 작은 사람이 정해져 있는 것은 아닙니다. 함께 배우면서 서로에게 큰 사람이 되어주는 것입니다. 이것이 교육의 힘이고 어른들이 후배들에게 해줘야 할 책무입니다.

우보천리 동행만리

돈에 대한
철학을
세워야
합니다

"참 바보다. 인생 힘들게 살라고 태어났노. 이제 좀 먹고살 만한데 회사는 왜 나오나?"

제약회사에서 부사장까지 오른 뒤 자리를 박차고 나와 맨몸이 되면서 들은 핀잔입니다.

1990년 충남 연기군(現 세종특별자치시)의 5평짜리 공장에서 직원 세 명과 회사를 세웠습니다. 오랜 시간 제약회사에 다녀놓고 왜 화장품회사를 차리려 하냐는 소리를 아침, 점심, 저녁으로 들어야 했습니다.

당시만 해도 퇴사한 직원이 같은 업종에서 다른 회사를 차려 비즈니스하는 것을 수용하지 못하는 문화였습니다. 어떻게 친정을 배신하고 자기 혼자 잘 먹고 잘살려고 하느냐는 소리를 듣던 때라 부담감이 클 수밖에 없었습니다. 오랫동안 익힌 경험적 지식을 써먹기 위해서는 제약

업종은 피하되 유사 업종을 택하는 것이 유리하다고 판단하여 화장품 회사로 방향을 튼 것입니다.

화장품 업계와 관련한 시장조사를 한 결과, 제조와 유통이 나뉘어 있는 선진국과 달리 우리나라의 화장품 기업들은 제조부터 마케팅까지 전부 한 회사에서 처리하고 있었습니다. 선진국의 시스템을 벤치마킹하여 국내에 없는 화장품 제조 기업을 만든다면 승산이 있겠다는 확신이 섰습니다. 곧바로 비행기를 타고 날아가 화장품 주문자 생산방식 전문 기업인 일본콜마에 투자를 부탁했습니다. 1990년의 일이었습니다.

일본콜마는 자기네가 지분의 51%, 우리가 49%를 가져가는 조건이라면 승낙하겠다고 나왔습니다. 저는 다른 조건을 내걸었습니다. 일본콜마가 80%를 가져가고 우리가 20%만 가져간다는 제안이었습니다.

그러자 일본콜마는 반색하며 제안을 받아들였습니다. 일본콜마는 그동안 한국에서 합작 파트너를 찾으러 다녔지만 49%의 지분을 수용하는 한국 기업이 없어서 포기한 상태였습니다. 그런데 파트너사에서 20%만 받겠다고 하니 많이 놀랐던 겁니다. 상대보다 지분을 더 받는다고 해서 돈을 크게 버는 것도 아닐뿐더러 첫술에 배를 채우려고 하면 탈이 난다는 것을 제약 영업을 하는 동안 수차례 목격하였기에 이 같은 제안을 할 수 있었습니다.

그러고 보니 제약회사에서의 경험은 하나도 버릴 게 없었습니다. 같은 업종에서 일하는 것이 아니어서 그간의 경험들이 쓸 데가 없다고 생각할 수 있으나 의사결정을 하고 일을 집행하는 중간중간 중심을 잡도록 도와주었습니다. 그리하여 일본콜마로부터 투자를 받자마자 제품 개발에 전력을 쏟았고, 국내 최초로 투웨이케이크를 만들어 상용화하는 데 성공하였습니다. 물론 첫 성공을 거두기까지 3년 동안 초보 사장이 겪는 모든 과정을 하나도 건너뛰지 않고 겪었습니다.

나무를 베기 전에
문제를 해결하세요

경영을 하는 사람이라면 반드시 돈에 대한 철학과 가치관을 세워두어야 합니다. 반근착절盤根錯節이라는 고사성어가 있습니다. 구부러진 나무뿌리와 뒤틀린 마디라는 뜻인데, '난제難題'를 일컫는 표현입니다.

뿌리와 마디. 이 둘은 처음에만 손을 쓸 수 있습니다. 나무가 다 자란 뒤에 문제를 발견하면 나무의 몸통을 잘라야만 접근할 수 있습니다. 경영에서 돈 관리는 나무의 몸통에 해당합니다. 리더는 돈에 대한 신념을 미리 구축해놔야 나중에 탈이 나는 것을 막을 수 있습니다.

처음 창업했을 때 데드라인으로 3년을 잡았습니다. '3년 동안 전부를 걸자. 3년 동안 한번 죽기 살기로 해보자'며 혼자 다짐을 했습니다. 사업을 하면 사람만큼 돈 문제가 끊이지 않습니다. 3년 내내 돈 문제로 편한 날이 없었습니다. 하나둘 사건을 경험하면서 '돈 외부에 돈이 있다'는 것을 알았습니다. 더 좋은 제품을 생산하고, 유통의 단계를 고민하며, 임직원이 함께 가는 방향을 고민할 때 돈이 오는 것이지, 다짜고짜 돈을 고민한다고 해서 수익이 나는 것은 아닙니다. 저 역시 이것을 깨닫기까지 여러 시험을 치르며 경험을 쌓았습니다.

전기료를 납부하지 못해 회사에 단전 예정통보가 떨어진 적이 있습니다. 그때 거래처로부터 세금계산서를 끊지 말고 거래하자는 무자료 거래와 리베이트 요구가 들어왔습니다. 둘 다 불법입니다.

첫 거래를 이런 식으로 하면 계속해서 해야 하기에 고민이 컸습니다. 하지만 현실을 생각하지 않을 수 없었습니다. 제 능력으로는 자금 조달이 불가능한 상황이었고, 입에 풀칠도 못 하는 상황에서 온 제안이기에 흔들리기도 했습니다. 간부들은 일단 제안을 받아들이고 시간을 벌자며 저를 설득하였습니다.

돈이냐, 도덕이냐?
생계냐, 정도냐?

성공한 경영자들이 배를 굶주렸던 시절에 대해 회상하는 구태의연한 장면에 서보니 왜 돈에 대한 철학을 세워두지 않으면 위험한지에 대해 알 수 있었습니다. 직접 그 상황에 닥쳐보지 않는 이상 모르는 곳이 바로 '돈과 도덕 사이'입니다. 이 둘은 상황에 따라서 운명이 바뀌는데, 생계의 관점으로 보면 계약을 체결하는 것이 선이고, 정도의 관점에서 보면 거절하는 것이 선입니다. 또 오늘의 관점으로 보면 계약을 체결해야 하나, 내일의 관점으로 보면 거절하는 것이 맞습니다. 기준을 어디에 세우느냐에 따라서 옳고 그름이 달라지는 겁니다.

특히 먹고사는 문제가 걸려 있다면 쉽게 선택할 수 없습니다.

이런 상황이 또 오지 말란 법이 없다고 생각하여 3일 동안 고민해본 결과, 거래하지 않기로 최종 결정을 내렸습니다. 한 번이 열 번이 되고, 열 번이 백 번이 되면 우리 회사는 불법으로 영업하는 회사가 되어버립니다. 저는 이것이 망하는 것보다 두려웠습니다.

돈은 탐스러운 열매로 덫을 놓습니다. 돈에 대한 철학과 가치관을 미리 세워둬야 이러한 유혹에 쉽게 넘어가지 않습니다. 그럼 이를 어떻게 구축해야 할까요? 목표와 결과를 혼동하지 않는 습관을 들이는 것이 중요한데 혼란을 방지하기 위해서는 기업의 목표를 확실히 정해둬야 합니다. 우리 회사가 돈을 버는 목표는 고용 확대입니다. 고용 확대라는 목표를 정해놓으면 이후의 모든 의사결정이 '고용'이라는 파이프라인을 거치게 됩니다. 즉, 고용에 도움이 되는 지출이나 제도라면 진행시키고 관련이 없으면 보류하는 식으로, 목표를 일종의 필터링으로 사용하고 있습니다. 목표만 확실하게 정해두는 것으로도 목표는 목표대로, 결과는 결과대로 돌아가는 시스템이 만들어집니다.

세종대왕의
관寬 리더십

같이 사업을 하면 사이도 멀어지고 망한다는 게 동업에 대한 통념입니다. 그도 그럴 것이 창업에 참여한 사람들 대부분이 강성입니다. 자기 도취에 빠져 있고 좀처럼 타인의 의견을 수용하지 않는 유아독존 부류입니다. 하나만 파고들다 보니 상대적으로 다른 부분을 갖추지 못한 겁니다.

모가 난 성격이라서 앞으로 같이 일을 못 하겠다가 아닙니다. 모가 난 성격은 강점을 쌓느라 신경 쓰지 못한 공백으로 보는 게 맞습니다. 단점보다 공백으로 봐야 함께할 마음이 사라지지 않습니다. 단점은 이미 있는 것이니 없애는 품을 들여야 하지만, 공백은 그런 과정 없이 채워주기만 하면 됩니다.

단점으로 보느냐, 공백으로 보느냐에 따라 큰 차이가 납니다.

모난 사람의 성향을 비난하거나 마모시키려고 하기보다 서로 부딪치지 않는 시스템을 만들어 상대의 칼날을 이용하는 전략으로 가는 편이 이롭습니다. 누구는 기술력이 있고, 또 누구는 시장 침투력을 가지고 있다면 이 둘을 십자가 모양으로 배치하는 게 리더의 몫입니다. 한 사람은 가로로 날을 세우고, 다른 한 사람은 세로로 날을 세움으로써 서로 부딪치지 않는 것은 물론, 가로가 가져온 이득, 세로가 가져온 이득을 취합하는 시스템을 만들어야 합니다. 이것이 리더의 역할입니다. 하지만 다소 시간이 걸릴 수 있습니다.

그래서 저는 시간을 매니지먼트할 수 있는 사람이 창업을 해야 한다고 생각합니다. 창업의 시드머니는 돈이 아니라 시간입니다. '이 사람을 끌고 가려면 무엇을 만들어야 하고, 저 사람을 쓰려면 무엇을 포기해야 하느냐'를 가늠할 수 있어야 중간에 흔들리지 않습니다. 만약 창업을 앞두고 기술적인 능력이 있느냐 없느냐를 고민하는 분이 있다면 사람과 시간을 관리할 수 있는 능력을 창업의 기준으로 삼을 것을 권하고 싶습니다.

세종은
스페셜한 제너럴리스트입니다

역사적으로 이것을 가장 잘한 리더가 세종대왕입니다. 아버지 태종은 셋째 아들 세종의 성격을 관홍장중寬弘莊重으로 평가했습니다. 여기서 가장 중요한 개념이 관寬으로, 도량이 크다는 뜻이나 '하나만 잘하면 모든 것을 용서한다'로 보는 게 세종의 관 리더십을 이해하는 데 도움이 됩니다. 세종은 신숙주가 언어에 소질을 보이자 북방으로 보내 언어를 접하게 했으며, 정인지가 역사에 능통하니 고려사를 정리하도록 하였습니다. 과학에 능통한 장영실은 천민인데도 등용하였습니다.

이러한 세종의 관 리더십이 가장 여실히 드러나는 인물이 바로 맹사성입니다. 그는 7년이나 좌의정을 하며 세종의 신임을 받았습니다. 그런데 사실 맹사성은 최영 장군의 손서孫壻이기도 합니다. 최영 장군을 죽인 사람이 바로 태조 이성계인데, 어떻게 정적의 손녀사위를 등용할 수 있을까요? 그런데도 세종은 품었습니다.

하나만 잘하면 쓸 곳이 있다. 다른 것을 못해도, 심지어 신분이 노비거나 정적의 핏줄이어도 상관하지 않는 세종의 관 리더십이 조선의 문명을 한층 끌어올린 것입니다. 그러고 보면 세종대왕은 스페셜한 제너럴리스트라고 할 수 있습니다. 특별한 재능을 가진 스페셜리스트들을 모아서 하모니를 이루었으니 이만큼 스페셜한 제너럴리스트가 어디 있겠습니까.

天不生無祿之人 (천불생무록지인)

地不長無名之草 (지부장무명지초)

《명심보감明心寶鑑》을 보면 위와 같은 구절이 나옵니다. 하늘은 녹 없는 사람을 내지 아니하고, 땅은 이름 없는 풀을 기르지 아니한다는 뜻입니다. 녹은 월급이고 이름은 직분입니다. 창업 초기만 해도 학력이나 경력이 출중한 직원이 없어 고민이 많았습니다. 하지만 이 구절을 접하고 나서는 사람에 대한 관점 자체를 바꾸었습니다. 누구나 월급을 받으며 살 만큼의 강점을 갖고 태어난다는 가르침을 얻었습니다. 인재는 정해진 것이 아니라 누구나 될 수 있으며 그러기 위해 리더는 사람을 볼 때 장점을 먼저 보는 훈련을 해야 합니다.

저에게 "모난 돌을 갖고 있어 봤자 주머니에 구멍만 내지, 아닌 사람은 버려라."라는 조언을 해주는 사람들이 더러 있습니다. 하지만 저는 그런 말에는 신경 쓰지 않습니다. 저라고 왜 사람의 단점이 보이지 않겠습니까? 장점을 보고자 하면 자연스럽게 단점도 눈에 들어옵니다. 그러나 단점에 머물면 리더십이 생겨나기 어렵습니다.

장점은 의지를 갖고 발견하는 것입니다

'단점 말고 장점이 없을까?'

잘 생각해 보면 아주 간단명료합니다. 장점이 보여야 그 사람에 대한 의심과 미움이 사라질 수 있습니다. 단점을 덮을 만큼의 장점이 있다고 생각되면 설사 갈등이 생기거나 그 사람이 실수를 하더라도 분노하는 마음이 줄며, 또 반대로 고마운 일이 생기면 감사한 마음이 배가 됩니다. 감정이라는 것이 '내가 생각하는 방향'을 타고 생겨나는 것인 만큼 단점보다 장점으로 관심을 향하게 하는 것이 중요합니다.

모가 난 직원일수록 남의 눈치를 보지 않고 지르는 경향이 강합니다. 중요한 건 이게 꽤 쓸모가 있다는 사실입니다. 이런 친구들은 조직에서 해결하기 힘든 문제를 한번에, 그것도 신속하게 처리해내는 추진력이 강합니다. 다른 직원들을 전전긍긍하게 만든 일을 한번에 해결해주니 직원들도 숨통이 트였는지 다음부터는 그 직원을 '해결사'로 부르며 받아들이기 시작했습니다.

여기에 착안하여 장점을 찾는 방법에 대한 힌트를 드리겠습니다. 남의 장점을 찾는 것도 보통 일이 아닙니다.

장점을 찾는 것에도 요령이 있습니다. 자신이 잘하는 부분, 가장 중요하게 생각하는 역량을 기준으로 찾으려고 하면 상대방의 장점이 보이지 않습니다. 사람 심리가 자신이 잘하는 것을 상대에게서 찾으면 질투와 시기심이 생겨나 장점으로 인정하기 어렵습니다. 나만의 무기라고 생각한 것을 빼앗긴 기분이 드니 인색해지는 것이지요.

특히 윗사람이 아랫사람의 장점을 인정하는 데는 반대의 경우보다 더 넓은 도량과 용기가 필요합니다. 20년 넘게 현장에서 일한 자신이 더 나아야 하는데 만약 부하 직원이 더 잘한다면? 정사가 아니라 야사로 두고 싶어질 수도 있습니다.

그러니 장점을 찾고자 할 때는 자신이 가지고 있는 것이 아니라 반대를 기준으로 삼는 지혜가 필요합니다. '나는 컴퓨터를 못하는데 저 친구는 잘하겠지', '나는 우유부단한 성격인데, 저 사람은 결단력이 있을까'라는 눈으로 바라봐야 상대의 장점이 잘 보이며, 쉽게 수긍도 할 수 있습니다.

십 년 정도 몰입하면
성취합니다

훌륭한 리더는 적재適材를 적소適所하는 데 능한 사람입니다.

적재와 적소는 같이 있을 때 힘을 발휘할 수 있습니다. 직원의 장점을 발견했으면 이번에는 적재적소의 원칙을 활용하여 실무에 적용하면 됩니다. 일이라는 게 열 명의 직원이 열 개의 제품을 만드는 환경이라고 해서 각자 10%씩 일하는 것이 아닙니다.

어떤 사람은 30을 하는 반면 어떤 사람은 0.9도 겨우 마칩니다. 때로 0.9만큼 일하는 사람을 두고 '굼벵이도 구르는 재주가 있다는데 너는 뭐냐'라는 말로 비난하거나 폄하하기도 합니다. 0.9만큼 일하는 사람이 잘못한 걸까요? 아닙니다. 이것은 리더의 잘못입니다. 구르는 재주를 지닌 굼벵이에게 맞는 일을 시켰다면 그 재능이 크게 쓰였을 겁니다.

왼손잡이 직원에게 오른손으로 할 수 있는 일을 주면 효율성이 떨어지는데 회사로서는 이것만이 손실이 아닙니다. 그 직원이 왼손으로 거둘 수 있는 이득, 이것을 얻지 못한 것도 커다란 손실입니다. 그러니 한 사람, 한 사람을 깊게 들여다보고 직원이 가진 강점, 대체 불가능한 강점을 발굴하려는 리더의 자세가 가장 중요합니다. 장점을 찾겠다는 마음가짐에서 리더십이 생겨나는 것입니다.

1만 시간의 법칙을 한자로 표현하면 십년유성十年有成이 됩니다. 10년 정도 몰두해야 성취한다는 뜻입니다. 창업에 나선 사람일수록 유아독존에 외골수의 기질이 있고 성격에 모가 나 있습니다. 강점만 갈고 닦느라 다른 부분에서 공백이 생긴 결과입니다. 이 말은 곧 이제는 단점, 약점을 보완해 줄 때라는 뜻이 됩니다. 짧게는 10년, 길게는 30년 동안 강점만 키워나갔으니 이제는 단점과 약점을 보완해 줘야 합니다.

물론 사람의 성격이 쉽게 바뀌지 않는지라 완벽하게 단점이 보강되지는 않을 것입니다.

그래도 리더 입장에서는 시도한다고 해서 전혀 손해날 것이 없습니다. 그 정도 연차면 어느 정도 사회 경험도 쌓아 성숙해졌을 것이고 살아오는 동안 단점이 자신의 인생을 어떻게 훼손했는지도 인지할 때라 해볼 만합니다.

맛없는 찬도 골고루 먹어야
균형이 잡힙니다

우리는 어렸을 때부터 음식을 골고루 먹어야 건강하다는 잔소리를 듣고 자랐습니다. 그런데 가만히 보면 어머니들이 아이들의 편식을 유도합니다. 메인 반찬이 있거나 자녀가 좋아하는 음식이 있으면 접시를 자녀 앞으로 가져다줍니다.

하지만 좋아하는 음식일수록 자녀와 멀리 떨어뜨리는 것이 바람직합니다. 그래야 좋아하는 찬을 집기 위해서라도 중간에 놓인 반찬도 먹게 되어 균형 있는 식사를 할 수 있기 때문입니다. 왜 갑자기 식사 예절 이야기냐고요?

크게 정수를 맛보는 방법에는 강점을 강화하는 방법과 약점을 보완하는 방법이 있습니다. 자신이 평소 잘해온 것을 노력하면 10점이 올라가지만, 약점 보완에 집중하면 50점이 올라갑니다. 강점보다 약점에 손을 쓸 때 우수한 결과가 나올 수 있습니다.

골고루 식사를 한 가정에서 자란 아이들은 커서 약점을 보완하고자 노력하지만 그렇지 않은 아이들은 강점만 취하려는 태도를 고수합니다. 실제로 저는 직원들과 식사하러 갈 때 떨어진 찬을 추가하는 직원이 있으면 추가하지 말고 남은 찬부터 먼저 해결하자고 꼭 말합니다. 골고루 먹는 습관은 식습관에 머무는 것이 아니라 약점과 강점을 균형 있게 계발하는 습관으로 연결된다는 신념 때문입니다.

만약 '아무리 먹어도 맛이 없는데 어떻게 하나요'라고 물으면 리더는 '천천히 씹으면 새로운 맛이 생긴다', '제철 재료라 이 시즌이 아니면 못 먹는다'라는 식으로 해결책을 제시하면 됩니다.

어떤 찬이든 꼭꼭 씹어 먹으면 고유의 향이 느껴지기 마련입니다. 소위 말해 인기가 많은 메인 반찬은 입속에 들어가자마자 사라져서 맛을 느끼기 힘든 반면, 사이드 메뉴는 덜 자극적이어서 계속 씹게 됩니다. 그동안 맛을 몰라서 먹지 않았을 뿐, 맛을 경험하고 나면 그 반찬에 대한 진입장벽이 낮아집니다.

우리 회사는 퇴사를 결심한 직원이 있으면 늘 저랑 면담하도록 해오면서 이것이 하나의 전통이 되어버렸습니다. 지금은 조직이 너무 커져서 전 임직원을 대상으로는 못하고 있지만 열이면 열, 직원들에게서 퇴사를 결심한 이유를 듣다 보면 대부분 상사나 동료와의 갈등이 진짜 이유라는 것을 알게 됩니다.

한번은 1년 동안 세 명의 직원과 면담을 했는데 그 과정에서 세 명 모두 한 팀장을 지목하였습니다. 저를 믿고 속마음을 털어준 직원들에 대한 고마움 때문에라도 그렇고, 또 관계에서 일어나는 갈등이 한 사람의 잘못으로만 빚어지는 것이 아니기에 곧바로 해당 팀장에게 피드백을 주지는 않았습니다. 그래도 그냥 둘 수는 없어 1년 정도 시간을 두고 그 팀장에게 리더십, 칭찬, 격려와 관련된 책을 주고 읽도록 하였습니다. 스스로 문제점을 깨닫고 변화하길 바랐던 겁니다. 그렇게 1년을 하고 나니 완벽하지는 않지만 더 이상 그 팀장 때문에 퇴사하겠다고 한 직원은 나오지 않았습니다.

인문학, 기업문화를 지피는 장작

과연 직원들만 모난 구석이 있을까요? 회사의 직원들만큼 오너의 단점에 대해 잘 아는 이들도 없을 거라고 생각합니다. 고해성사를 하나 한다면, 저는 성격이 굉장히 급합니다. 추진력이 있어서 문제를 해결할 때는 좋지만 평상시에는 제 속도에 맞추느라 옆 사람들이 진을 빼기도 합니다.

'이제는 성격을 바꿔야겠다', '조금 더 천천히 해도 될 것 같은데······' 라는 문제의식이 들기 시작하면서 일상생활 안에서 속도를 늦추는 연습을 하기 시작했습니다. 그래도 쉽지 않습니다.

　　　　　　　　　　　　　　우보천리 동행만리

볼펜은 제가 고등학교 때 나오기 시작했습니다. 볼펜이 나오기 전까지는 펜으로 필기를 했습니다. 펜으로 필기하면 필연적으로 글씨를 늦게 쓸 수밖에 없습니다. 옛날에는 잉크병 안에 스펀지가 들어 있어 펜으로 글자를 쓰기 위해서는 잉크를 찍고, 스펀지로 닦아내는 단계를 거쳐야 했습니다. 일부러 '찍고, 닦고, 쓰고' 세 단계를 거쳐 글씨를 쓰면서 급한 성격을 다스리고자 했습니다. 성격 급한 사람에게 이만한 훈련법이 없습니다.

급한 성격을 고치기 위해 들인 두 번째 노력은 엘리베이터보다 계단을 이용하는 습관입니다. 계단은 아무리 걸음을 재촉해도 두 계단 이상 오르기 쉽지 않습니다. 지난번 제 집무실이 8층이었기에 종종 계단을 세면서 오르곤 했습니다.

장점과 단점을 성격의 일부로 방치하기보다 관리해야 할 뼈대로 간주하다 보면 깨닫게 되는 사실이 있습니다. 장점은 직원의 머릿수만큼 다양한 반면, 단점은 손에 꼽을 만큼 종류가 많지 않다는 점입니다.

특히 장점은 업무 능력에 초점이 맞춰져 있는 반면, 단점은 인성과 관련된 것이 많습니다. 일일이 쫓아다니면서 단점을 고쳐줄 수 없으니 인문학을 통해 직원들이 스스로를 다스렸으면 하는 마음에서 인문학을 한국콜마의 문화 곳곳을 지피는 장작으로 두게 되었습니다.

물론 저도 인문학 공부만은 열심히 해왔고 임직원들에게도 적극적으로 권하고 있습니다.

인문학이
협업에
관여하는
방법

대학에서 취업이 잘되지 않는다는 이유로 인문학과를 줄이는 실정입니다. 물론 인문학 같은 기초 학문이 실무적인 기술을 가르치는 응용 학문에 비해 즉각적으로 써먹을 수 있는 게 적어 보일 수 있습니다. 하지만 저는 이런 때일수록 기본에 충실해야 한다고 생각합니다.

한국콜마는 신입사원을 채용하거나 인사 평가를 할 때 인문학을 하나의 평가 기준으로 삼습니다. 인문학은 사람에 대해 탐구하는 학문입니다. 기업은 사람의 마음을 얻어 목표를 달성하는 것이 작동원리이므로 '사람의 무늬'를 이해하는 데 필요한 학문인 인문학이 회사원들에게도 중요하다고 생각하기 때문입니다.

공채 시즌이 되면 "한국콜마에 들어가려면 어느 정도 스펙이 되어야 하느냐?"라는 질문을 종종 받습니다. 그럴 때 저는, "지원자의 스펙을 아예 안 볼 수는 없으나 그것이 전부라고 생각하지 않는다. 만약 다른 지원자보다 부족할 경우 학점이나 영어 점수와 바꿀 만큼의 다른 활동을 했는지, 했다면 무엇이었는지에 대하여 묻는다."고 답합니다.

학점, 영어, 연수 등 소위 말해 스펙에 대한 질문은 어떻게 시간을 사용했는지에 대해 묻는 것입니다. 학생은 본분이 공부이니 학교 다닐 때 학업에 많은 시간을 할애하는 건 당연합니다. 하지만 딱 보기에도 영어 점수 등을 충분히 대체할 만한 활동을 했고, 더욱이 그 활동이 지원자의 성장에 도움이 됐다면 그건 괜찮다고 생각합니다.

학점이 좋은 친구들은 대학 생활 내내 학점을 최우선 삼아 시간을 썼을 확률이 높습니다. 좋은 점수를 받으려면 수업도 빠지지 말아야 하고, 공부도 열심히 해야 하고, 조별 과제에서도 최선을 다하는 등 주어진 24시간을 학점이라는 목표에 맞추어 활용했을 겁니다. 만약 이런 친구들이 면접 장소에 들어오면 '친구에게 노트 필기를 빌려준 적이 있느냐', '무임승차하려는 조원이 있을 때 어떻게 대처했는가'에 대한 질문을 던집니다. 자기 성과에만 매몰되어 관계 관리를 등한시했다면 협업에 어려움이 있을 수 있기 때문입니다.

한국콜마에서 말하는 인문학 정신은 협업과 맞물려 있습니다. 그래서 한국콜마는 인재를 뽑거나 입사 후 승진을 시킬 때, 또 월례조회를 할 때 등 시시때때로 인문학 과정을 거쳐 가도록 경영 시스템 안에 인문학을 들여놓았습니다. 구성원들이 인문학 정신을 잊지 않도록 환경을 조성하는 것. 이것이 제가 생각하는 진정한 의미의 인문 경영입니다.

협업도 인문학 정신이
필요합니다

만약 여러분 손에 망치가 있다면 무엇을 하겠습니까? 모르긴 몰라도 벽을 한번 두드려 볼 것입니다. 손에 들린 도구가 망치니 순간적으로 망치의 사용처를 찾게 되는 것입니다. 우리는 이것을 관성이라고 부릅니다. 이와 유사한 용어로 '경로의존path dependency'이 있습니다. 한번 '사과는 과일이다'라고 결론이 나면 사람들은 더 이상 사과의 다른 이름은 생각하지 못하고 앞선 명제를 진리처럼 떠받듭니다.

이처럼 한번 경로가 정해지면 나중에 그 경로가 비효율적이라는 사실을 알아도 경로의 기득권 때문에 경로를 바꾸기 어렵거나 아예 불가능해지는 현상을 경로의존의 법칙이라고 부릅니다.

일을 할 때 우리는 이러한 오류를 상당히 자주 범합니다.

사과가 과일이 아니라면? 아무리 생각해도 사과의 다른 카테고리가 떠오르지 않을 겁니다. 망치라고 하면 못과 벽이 연상되는 것처럼 사과 역시 그렇습니다. 하지만 세상을 바꾼 혁신가들은 스스로 이런 질문을 던지고 새로운 답을 찾아냅니다.

대표적인 예가 스티브 잡스Steve Jobs입니다. 그의 출현으로 사과는 또 다른 카테고리를 가지게 되었습니다. 오늘날 우리는 '애플'이라는 단어를 들으면 아이패드나 아이폰 같은 최첨단 기기의 고유명사부터 생각하게 되었습니다.

조직 내에서 관성이나 경로의 기득권에서 벗어나기 힘들다면 과감히 '새로운 물'을 대주는 전략이 필요합니다. 부서와 부서 간의 협업, 기업과 기업 간의 협업이 이러한 전략이 될 수 있습니다.

그런데 이런 협업을 할 때도 인문학 정신이 필요합니다. 특히 B2B 간의 협업은 투입되는 비용이나 인프라의 단위가 크기 때문에 서로를 배려하고 자신을 이해하려는 마음가짐이 필수입니다.

새로운 대상과 일한다는 것은 자신의 정체성을 드러내는 작업이기도 합니다. 굳이 자신을 드러내지 않아도 상대측에서 먼저 읽으려고 할 것입니다. 그래야만 협업을 해나갈 수 있을 테니까요.

즉 내 부서, 내 회사, 그리고 나의 니즈를 정확하게 파악하는 일이 협업할 때 필요한 인문학 정신입니다. 그래야만 상대에게 무엇을 얼마만큼 요구할지, 아니면 반대로 상대에게 무엇을 양보할지, 즉 '기브 앤 테이크'의 내용과 정도를 파악할 수 있기 때문입니다.

또한 협업을 하는 동안 자기 선에서 피드백을 줄 수 있는 내용이 무엇이며, 자사 혹은 협력사가 협업에서 가장 중요하게 생각하는 가치가 무엇인지에 대해 파악하는 일도 중요합니다. 이것이 바로 협업을 하기 전에 해둬야 할 레디니스readiness 과정입니다. 레디니스는 어떤 학습이나 업무에 본격적으로 들어가기에 앞서 필요한 준비 과정을 말합니다.

어려운 일은 쉬운 일에서 출발한 것이다.
큰일이 작게 느껴질 때 시작하라.
성인은 결코 큰일을 도모하지 않으며

어려운 일 또한 만들지 않는다.

노자의《도덕경》63장에 나오는 말입니다. 레디니스의 중요성을 강조할 때 자주 인용하는 문장입니다. 분명 큰일의 과거는 '작은 일'이었을 것이고, 어려운 일의 과거 또한 쉬운 일이었을 것입니다. 성인은 큰일로 몸을 부풀리기 전에 일에 착수함으로써 쉽게 해낸다는 노자의 가르침이 우리에게 많은 것을 일깨워줍니다.

이러한 교훈이 피부로 와닿은 일이 있었습니다. 바로 한국콜마와 일본콜마 간의 협업 프로젝트를 했을 때의 일입니다.

협업이
미래 먹거리입니다

우리는 매년 신제품을 발매하면서 화장품 시장에 활력을 불어넣고 있습니다.

한번은 트리트먼트 발효 화장품을 출시하여 히트시킨 바 있습니다. 상당히 고가였음에도 매출이 높아 효자 노릇을 해주었죠. 이 제품은 한국콜마와 일본콜마가 공동으로 연구하여 개발한 제품입니다. 제작하기까지 4년이라는 오랜 기간이 걸렸는데, 그중 3년을 꼬박 소재 개발에만 매달렸습니다. 소재 개발, 이것이 저희가 협업을 결심한 이유였습니다.

이것을 알고 협상 테이블에 나가야 상대가 원하는 다른 조건을 들어줄지, 만약 들어준다면 어느 선까지 해줄지를 결정할 수 있습니다. 당연한 말처럼 보일지 모르나 그렇지 않습니다. 국경을 초월하여 공동 개발을 결심할 정도면 우리는 우리대로, 상대는 상대대로 많은 것을 기대하고 뛰어들 확률이 높기 때문입니다.

애당초 A라는 목표를 세웠다 하더라도 막상 협상 테이블에 앉으면 A부터 Z까지 자사의 니즈를 관철하려고 합니다. 사공이 많으면 배가 산으로 간다는 말이 그래서 생겨난 것입니다. 사공의 머릿수만큼 욕심을 채우려고 하니 아예 배가 뜨지 못하는 산으로 가게 되는 것이지요. 이럴 때는 우리부터 욕심을 단일화하여 상대에게 제시하는 것이 중요합니다. 이게 바로 노자가 말한, 일을 쉽게 해내는 지혜입니다.

그 결과 한국콜마와 일본콜마는 분열효모라는 소재를 개발하는 데 성공하였습니다. 협업의 목표가 연구개발이 됐든, 프로모션이 됐든 성과는 어느 정도 시간이 지나면 나게 되어 있습니다. 하지만 협업 방식을 조율하고, 서로의 문화를 이해하려는 노력은 그렇지 않습니다.

저희는 관련 기술과 소재를 연구하는 연계 개발을 앞으로도 계속할 생각입니다.

기업은 지속성장이 가능해야 미래가 있습니다. 따라서 미래 먹거리를 개발하는 일은 아무리 강조해도 지나치지 않을 겁니다.

우리 팀이 아닌 다른 팀과 협업하는 마음가짐은 이럴 때일수록 중요할 수밖에 없습니다. 협업하는 동안 서로를 배려하고 자신의 니즈를 현명하게 관철하는 지혜, 이것이 많은 기업이 인재들에게 원하는 역량일 것입니다.

한국콜마의
입사 면접과
퇴직 면접

"일요일 오전에 불러내면 몇 명의 친구가 나올 것 같나요?"

최종 면접에 오른 친구들에게 자주 던지는 질문입니다. 어떤 친구는 한두 명 정도 나올 것 같다고 답하는 반면, 열 명은 나올 거라고 답하는 친구도 있습니다.

"왜 그 친구가 나올 거라고 생각하나요? 우리에게 그 친구를 소개해 줄 수 있나요?"

친구가 반드시 나올 것이라고 답한 친구들에게 이 같은 질문을 던지면 같은 아파트에 살아서 나올 거라고 답한 친구가 있는 반면, 일요일이면 함께 공을 차기 때문에 나올 거라고 답한 친구도 있습니다.

마지막으로 "그 친구가 불러내면 아무개 씨도 나갈 생각이 있나요?"를 끝으로 '친구 3단계 질문'을 마무리합니다. 세 질문 모두 친구에 대한 질문인데, 지원자의 정직성을 묻는 질문입니다.

첫 번째 질문만 던지면 진정성을 가리기가 힘들지만 두 번째, 세 번째 질문을 던지면 진실로 대답을 했는지, 부풀려서 했는지 알 수 있습니다.

'열 명의 친구가 나올 거라고 대답한 지원자가 있을까'라고 의문이 나겠지만 한 명씩은 꼭 나옵니다. 있는 그대로 대답해도 되는데, 순간적으로 합격하고 싶은 욕구가 없는 사실을 꾸며내게 만들고 또 과장하도록 만듭니다. 이 경우에 정직한 답변이 아니니 감점입니다. 저에게 깊은 인상을 남기는 지원자는 언제나 사실 그대로 대답하는 사람들입니다.

인성을 이기는
스펙은 없습니다

최종 면접에는 저를 포함하여 면접관 8명이 들어가곤 했습니다. 각자 8분의 1만큼의 권리를 행사하는데, 저를 제외한 일곱 명의 면접관이 모두 찬성해도 저는 절대로 뽑아서는 안 된다고 고집을 부리는 경우가 있습니다. 이러한 경우가 오백 명 중에 열 명 정도 됩니다.

하나같이 좋은 대학 출신에 영어 점수와 학점까지 우수하여 대기업에 가도 손색없는 지원자들입니다. 그런데도 뽑지 않는 이유는 협업이 힘들 만큼 이기적이거나 수단을 가리지 않고 성과를 내려는 모습이 두드러지게 보이기 때문입니다. 모든 일에 협업은 기본인데, 이를 위해서는 이타적인 마음을 가지고 있어야 한다고 생각합니다. 대신 제가 합격시키면 좋겠다고 한 친구일지라도 다른 면접관들이 떨어트리면 그건 상관하지 않습니다.

기본적으로 사회에서 말하는 일이란 '관계 안에서'라는 전제조건이 붙습니다. 나와 동료, 나와 상사, 나와 거래처, 나와 협력사 등 다양한 관계 안에서 주어진 업무에 살을 붙이는 과정이 일입니다. 나 혼자서 해낼 수 있는 일이 많지 않은 만큼, 모든 기업은 지원자들에게서 협업할 수 있는 인성을 가지고 있느냐를 최우선으로 봅니다. 그런데 지원자들 가운데 협업이 힘들어 보이는 친구들이 간혹 있습니다. 이런 때는 과감히 낙방을 시킵니다.

동서고금을 막론하고 인성을 이기는 스펙은 없습니다.

흔히 사회 초년생들을 '미생'이라고 부르는데 사람을 끌어당기는 인간적인 매력과 업무를 잘 해내는 실무 능력, 이 두 개만 있으면 누구나 '완생'이 될 수 있습니다. 인간적인 매력에서 가장 중요한 것이 덕德이며, 덕 중에서도 정직성은 협업에 필요한 소양이 됩니다.

그동안은 지智, 덕德, 체體를 중심으로 학교에서 교과과정이 이뤄지고 있는데 저는 덕, 체, 지 순으로 바꿔야 한다고 생각합니다. 덕이 선두에 있어야 신뢰가 회복되는 사회로 나아갈 수 있기 때문입니다. 요즘은 덕을 '큰 덕德' 자로 쓰지만 옛날에는 '곧을 직直'에 '마음 심心' 자를 더해 '悳' 자로 썼습니다. 덕을 '곧게 선 마음'이라고 하는 이유입니다.

거래처에서 문의를 하면 보류하지 않고 바로 피드백을 주는 것, 불편함이 있더라도 원칙을 지키려는 고집, 작은 일을 크게 생각하는 사고 등이 모두 '덕'입니다. 상사 눈에는 남들이 기피하는 일에 적극적인 직원일수록 검은 바탕에 흰 반점처럼 한눈에 잘 들어옵니다. 덕을 가진 인재들이기에 부서 이동을 하거나 좋은 기회를 줄 수 있을 때 맨 먼저 그 친구들을 떠올립니다.

일을 잘하는 좋은 습관,
근과 습

일을 잘한다는 능력은 무엇일까요? 저는 근勤과 습習이 중요한 덕목이라고 생각합니다. '근'은 정약용 선생이 이야기한 덕목인데, 아침부터 늦은 저녁까지 계속 일하는 식의 부지런함이 아닙니다. 오늘 할 일을 내일로 미루지 않는 습관이 '근'입니다.

봄에 할 일, 여름에 할 일, 가을에 할 일, 겨울에 할 일이 각각 따로 있습니다. 겨울에 해야 할 일을 봄에 하면 점점 업무가 밀려나 그해의 계획이 물거품 되고 맙니다. "제때의 첫 바느질이 아홉 바느질을 덜어준다"라는 속담이 있습니다. 제때의 첫 바느질이 곧 적시입니다. 이것만 잘해도 능력을 인정받을 수 있습니다.

학습에서 '학'은 배우는 것이고 '습'은 익히는 것입니다. 배움이 지식을 소극적으로 받아들이는 것이라면, 익힘은 쓰고 읽고 외워서 내 것으로 만드는 적극적인 지적 활동입니다. 상사에게 업무에 필요한 지식을 백 번 들어도 본인이 익혀야만 거래처에 나가서 자신의 언어로 말할 수 있습니다. 배움이 '학'에서 끝나면 반숙 지식이 되는 반면 '습'에서 끝나면 완전한 지식이 되어 쓸모가 생겨납니다.

저는 사람들이 '습'을 했는지 하지 않았는지의 기준을 발화發話에 둡니다. 꼭꼭 씹어서 정보를 자기 것으로 만든 사람은 내용을 전달할 수 있지만, 눈으로만 읽고 만 사람은 내용을 온전히 전달할 수 없기 때문입니다.

'습'은 사람을 만나러 갈 때도 중요합니다. 저는 사람을 만나기 전에 다섯 가지 정도 대화 주제를 생각해서 갑니다. 중언부언을 막는 힘이 '습'에 있다고 믿기 때문입니다. 이동하는 차량에서도 신문에 있는 기사들을 눈으로 읽은 다음에는 꼭 입으로 소리 내어 내용을 정리합니다. 눈으로 읽는 것이 '학'이라면 입으로 읽는 것은 '습'에 해당됩니다. '습'까지 해야 내가 본 내용을 자연스럽게 상대방 앞에서 발화할 수 있습니다.

다른 말로 간추리는 습관입니다. 결재나 보고를 받을 때 요점을 정리해서 오는 직원이 있는 반면, 중간에 길을 잃어 무슨 이야기를 하는지도 모를 만큼 정리가 안 된 직원이 있습니다. 이렇게 되면 상대에게 신뢰를 주지 못할 뿐 아니라 게으르다는 인상을 주기 쉽습니다.

'습'이 아무것도 아닌 것 같지만 한 번 더 들여다보고, 상대가 알아듣기 쉽도록 정리를 해야 하기에 상당히 지난한 과정입니다. 하지만 일을 잘하는 사람과 못하는 사람이 '한 끗 차이'라고 했을 때 '습의 누적'이 인재로 만들어준다는 점은 부인할 수 없습니다.

이 '간추리는 습관' 혹은 '습'이 면접을 볼 때도 유용하게 쓰입니다. 워낙 책을 좋아하다 보니 이것저것 많이 읽는데 신기원의 《관상학》이라는 책도 수차례 읽었습니다. 많은 분이 관상이라고 하면 얼굴의 상만을 떠올리는데 낯빛, 눈빛, 목소리, 걸음걸이, 앉은 자세 등 그 사람의 몸과 마음의 조화, 생각하는 내용과 말하는 태도의 어울림 등 모두 관상입니다.

면접을 수십 년 동안 보다 보니 '반半 관상가'가 되었습니다. 대체로 좋은 인상을 준 지원자일수록 면접관의 마음을 편하게 해줍니다. 편안함은 억지로 만들 수 있는 것이 아닙니다. 사람을 편하게 만드는 친구들은 질문에 답하는 과정에서 표정, 목소리 톤, 손짓 등이 자연스럽고 말하는 내용과 조화를 이룹니다. 이는 진짜 자기 생각을 말할 때만이 나올 수 있는 태도입니다. 이런 태도를 갖게 하는 힘이 평상시 배운 것을 꼭꼭 씹어서 자기 것으로 만드는 '습'을 통해 얻어지는 것이라고 생각합니다.

중국의 현인으로 통하는 백리해百里奚는 처음부터 진나라의 인재가 아니었습니다. 그는 진나라 옆에 소국으로 있던 우나라의 신하였습니다. 우나라가 망하자 진나라는 그를 데려오기 위해 회유하였지만 백리해는 그에 넘어가지 않고 초나라로 도망을 쳤습니다. 진나라의 진목공은 백리해가 현인인 것을 알고 초나라에 염소 가죽을 보내는 대가로 백리해를 데리고 왔습니다. 진목공은 초나라에서 백리해가 인재인 것을 알아차릴까 봐 '도망친 노예니 돌려달라'며 기지를 발휘했습니다. 백리해가 없었다면 진나라가 천하를 통일할 수 없었을 것이라는 설이 나올 만큼 그는 인재였습니다.

만약 백리해가 진나라 황제에게 '천하를 통일하였으니 저는 떠나겠습니다'라며 요즘 말로 사직서를 냈다면 어땠을까요? 모르긴 몰라도 황제는 밤잠을 이루지 못했을 겁니다. 그럼 초나라 황제는 백리해를 진나라로 보낸 뒤 마음이 어땠을까요? 노인 하나 보내놓고 무슨 심경의 변화가 있겠느냐고 할지 모르나 그렇지 않습니다. 한 황제는 인재를 잃고, 다른 황제는 노예를 잃었으니 상실감의 정도에서 차이는 나겠지만 둘 다 '사람을 떠나보내는 데 치러야 할 대가'를 치렀다는 점에서는 동일합니다.

꼭 황제가 아니라 구멍가게의 사장도 직원이 그만둔다고 하면 마음이 심란합니다. 불교에서 말하는 애별리고는 인간이 겪는 고통 중 정을 쌓은 사람과의 생별生別만 한 고통이 없다는 뜻입니다. 저 역시 회사를 떠나는 직원이 생길 때면 마음이 괴로웠습니다. 어떤 때는 소화제 신세를 지며 멍하니 하늘만 쳐다본 날도 있었습니다.

떠나는 직원도
가족입니다

저는 입사 면접만큼 퇴직 면접에도 신경을 씁니다. 퇴직 면접을 하는 이유는 여러 가지가 있지만 그중 첫 번째는 퇴사를 결심한 직원에게서 '배신'이라는 글자를 지워주기 위해서입니다. 아예 다른 업을 선택한다면 모르겠지만, 같은 업종으로 이직을 하게 된다면 퇴사한 직원이 그동안 우리와 거래를 맺었던 협력업체 또는 경쟁업체로 옮겨 갈 가능성이 높습니다.

한 업종에서의 사회라는 게 얼마나 좁습니까. 그렇게 되면 우리 회

　　　　　　　　　　　　　우보천리 동행만리

사를 떠난 직원들은 본의 아니게 배신자라는 낙인을 받습니다. '회사에서 공부도 시켜주고 해외도 보내줬는데 어떻게 나가느냐'며 따가운 시선을 받기도 합니다. 그런데 이것은 시대와 맞지 않는 발상입니다. 꽃을 뿌려놨으니 지르밟고 가시옵소서는 아니더라도 낙인찍을 이유가 전혀 없습니다.

영업하는 사람은 바깥에 나가면 회사 편이지만 안에 들어와서는 거래처 편이 됩니다. 회사에 들어와서 거래처가 요구하는 뜻을 관철하는 것이 영업인의 임무이기에 그렇게 될 수밖에 없습니다. 저는 퇴사한 직원도 마찬가지라고 생각합니다. 퇴사를 해도 완전히 우리 직원이 아닌 건 아닙니다. 퇴직 면접을 해서 퇴사하겠다는 결심을 되돌릴 수 있으면 좋겠지만 현실적으로 모두의 마음을 돌릴 수는 없습니다.

하지만 퇴직 면접을 하면 떠나더라도 좋은 인상을 갖고 떠납니다. 저는 이것이 한국콜마의 무형자산이라고 믿습니다. 퇴사를 하여 몸은 떠났어도 마음으로는 우리 편에 서서 도와주려 하기 때문입니다. 저는 그들과 우리의 연결고리가 되도록 끊어지지 않았으면 하는 바람이 있습니다. 그래서 퇴사하는 직원들에게도 사보를 보내거나 회사의 큰 행사가 있으면 초청하기도 합니다. 이것은 회사를 위한 마음에서 하는 것입니다. 아니, 더 정확히 말하자면 회사에 남아 있는 사람들을 위해서 하는 것입니다. 어떻게 하면 더 나은 조직을 만들 수 있을지, 또 어떻게 하면 사람이 떠나지 않는 조직을 만들 수 있을지를 수시로 고민하기 때문에 이와 같은 것들을 하는 겁니다.

퇴직 면접을 하는 두 번째 이유는 속마음을 듣고 싶어서입니다. 회사를 떠나는 이유를 물었을 때 첫 번째로 나오는 대답은 진짜가 아닐 가능성이 큽니다. 퇴사하는 것에 대한 명분이 필요하기 때문에 우선은 대답하기 좋은 보편적인 사유들을 준비해 놓습니다. 하지만 사실을 알고 보면 퇴사를 결심하게 된 속사정은 따로 있습니다. 표면의 이유가 따로 있고 내면의 이유가 따로 있는 것이죠.

속사정들을 파고들어 가보면 진짜 이유는 불편한 진실인 경우가 많습니다. 그래서 처음에 바로 밝히기가 어려운 겁니다. 그래도 저는 한때 회사를 위해 열심히 일했던 사람이 결국에는 회사를 떠나기로 결심할 수밖에 없는, 그 까닭을 알아야 하기에 계속 대화를 해왔습니다. 다른 사람이 중간에 끼지 않도록 1:1로 진행하는데, 하다 보면 심층 면접이 되어 결국 속이야기를 꺼내놓게 됩니다.

어떤 직원들은 퇴직 면접을 하다 살짝 눈물을 보이기도 하고, 펑펑 울기도 합니다. 그래도 정들었던 일터를 떠나려니 심란하고, 또 동료들에게 미안한 마음도 있을 겁니다. 얼마나 고민이 많겠습니까. 이야기를 듣다 보면 마음이 아프면서도 고맙습니다. 회사에 대한 애정이 있기에 진실한 이야기를 밝혀주는 것이니 말입니다.

관계로 시작해서
관계로 끝납니다

퇴직 면접에서 나온 이야기들은 무조건 수용한다는 것이 제 원칙입니다. 회사의 시스템을 문제 삼는다면 정말로 그러한지 조사하도록 한 다음에 개선시킵니다. 회사생활을 하다 불합리하다고 느끼는 것들이 있다면 제도를 보완하여 그런 불만들이 나오지 않도록 신경 씁니다.

시스템과 제도에 문제가 있다면 그런 것들은 차일피일 미루지 않고 바로바로 바뀌도록 빠르게 피드백을 합니다. 그런데 그러지 못하는 경우가 있습니다.

직원들의 이야기를 들어보면 상사나 동료와의 갈등이 퇴사를 결심하게 된 진짜 이유인 경우가 많습니다. 결국에는 사람 때문에 그만두는 겁니다. 급여가 불만이어서 그만두는 경우는 오히려 드뭅니다. 이러한 심층 면접이 그만두려는 직원에게는 곤욕일 수 있습니다. 최고경영자 앞에서 상사나 동료에 대한 부정적인 이야기를 해야 하니 얼마나 망설여지겠습니까.

"괜찮습니다. 지금 털어놓으면 우리가 나중에 만나더라도 자연스럽게 인사를 나눌 수 있어요. 하지만 그냥 가면 진실을 말하지 못했다는 생각에 스스로도 마음이 찜찜하고 불편합니다. 회사는 잘못된 걸 바로잡을 기회를 놓치는 셈이고요. 누구에게 불이익을 주기 위해서 이런 걸 하는 게 아닙니다."

어렵게 속이야기를 해준 직원들의 마음을 알기에 이런 때에는 사후 처리를 조심스럽게 합니다. 어떤 특정 인물을 고발하는 내용이 나와도 그 사람을 직접 불러 다그치는 일은 절대 없습니다. 인사고과에도 어떤 영향을 가하지 않습니다. 그렇게 하면 보복성이 되어 퇴직 면접을 하는 본질이 흐려집니다. 이런 식으로 일 처리를 하면 어느 누구도 더 이상 진실을 말하지 않게 됩니다. 회장 앞에서 듣기 좋은 소리만 하는 직원들만 남습니다. 이건 회사에 정말로 안 좋은 영향을 끼칩니다. 회사에 병든 곳이 있어도 일러주지 않으니 안쪽에서부터 서서히 곪아갈 수밖에 없습니다.

이러한 조직의 미래는 불 보듯 뻔합니다.

그래서 퇴직 면접에서 언급된 인물에게는 절대 직접적 피드백을 주지 않습니다. 대신 오랫동안 지켜보면서 그 사람이 정말로 동료 간에 문제가 있는지 살펴보고 문제가 있다면 바로잡을 수 있도록 돕습니다. 이 과정을 보통 1년 동안 합니다. 또 은밀히 진행합니다. 이건 그 사람에게도 기회를 주는 것입니다. 아무리 그 사람이 많은 이에게 나쁜 영향을 끼치는 안하무인인 사람이라 하더라도 누구든 함부로 내칠 수 있는 것은 아닙니다. 조직이란 게 그렇습니다. 사람을 무조건 받아들일 수도 없고, 또 함부로 내칠 수도 없기 때문에 리더의 역할이란 게 참 어렵습니다.

퇴직 면접의
보이지 않는 힘

퇴직 면접을 하는 세 번째 이유는 혹여나 그 사람의 마음을 돌릴 수 있을까 해서입니다. 많은 회사원이 고된 업무 때문에, 또 여러 가지 복합적인 이유 때문에 종종 즉흥적으로 퇴사를 떠올립니다. 당장이 힘들기 때문이겠죠.

그런데 그게 잘못된 판단일 수 있습니다. 직장은 생계를 유지해주는 창구이지 않습니까.

아마 곰곰이 생각해 보면 회사에 다녀야 하는 이유가 그만두어야 하는 이유보다 더 클 수 있습니다. 그런데 일단 퇴사를 생각하게 되면 그런 것들은 한쪽에 덮어놓고 자기도 모르게 머릿속에서 더 중요한 가치를 지우게 됩니다. 편향된 시각을 갖게 되는 거죠.

그래서 저는 잘못된 판단을 했다면 바로잡을 수 있도록 기회를 주고자 묻습니다.

"그게 정말 최선일까요? 한번 진중하게 다시 생각해 보세요."

그만두는 이유가 정말 절실한 사유일 수도 있지만, 그렇지 않을 수 있습니다. 제3자가 봤을 때 어떤 사건의 정황이 더욱 정확히 보이는 것처럼, 면접을 통해 한쪽으로 쏠려 있는 직원의 생각에 제 생각을 보태 균형을 갖도록 합니다. 균형 잡힌 시각으로 합리적인 선택을 해야 퇴사를 하더라도 후회하지 않을 수 있습니다.

간혹 사업을 하고 싶다거나, 공부가 하고 싶어 대학원 진학을 고민하고 있기 때문에 퇴사한다는 직원들이 있습니다. 하지만 이것도 대부분 표면적 이유일 확률이 높습니다. 대화를 조금만 진전시키다 보면 그들 역시 인간관계로 겪는 갈등이 진짜 원인입니다. 일상 가운데 회사생활이 차지하는 비중이 매우 크지 않습니까. 매일같이 갈등을 빚는 인물과 어쩔 수 없이 계속 마주해야 하는 것도 큰 고통일 겁니다. 스트레스가 계속되다 보면 결국에는 직장을 포기해야겠다는 생각에까지 다다릅니다. 처음부터 공부가 진짜 원인이 아닙니다. 회사생활에 문제가 없다면 어떻게든 병행을 해서 하지 회사를 그만두진 않습니다.

만약 창업을 결심해서 떠나겠다고 한 직원이 있다면 더욱 면밀히 상담을 합니다. 사업이란 게 만만치 않기 때문입니다. 제대로 된 준비가 없다면 큰돈을 날릴 수 있기 때문에 노파심에 이것저것 물어봅니다. 어떤 비즈니스를 하려고 하는지, 시장조사는 제대로 해봤는지, 혹시 아이디어만 가지고 있는 건 아닌지, 상용화 방안에 대해서 다각도로 고민해봤는지 등등 창업을 해본 선배로서 점검해야 할 사항에 대해 컨설팅합니다.

처음에는 다들 잘될 거라는 마음으로 사업을 구상하지, 안될 거라고 생각하고 뛰어드는 사람은 한 명도 없습니다. 하지만 현실은 냉정합니다. 회사에 있을 때보다 더욱 고통스러울 수도 있습니다. 제가 알고 있는 것을 동원하여 해당 사업에 대한 정보를 알려주고 위험 요인들을 짚어준 다음에 직원을 되돌려 보냅니다.

그리고 한 일주일 뒤에 2차 퇴직 면접을 합니다. 그동안 그 직원은 자신이 도전하려고 했던 사업 분야에 대해 더욱 열심히 조사해 본 뒤에 제 방문을 두드립니다. 대화하는 과정에서 스스로 아직은 때가 아니라는 판단이 들면 퇴직을 보류하는 의사결정을 스스로 내고 자리에서 일어납니다. 퇴직 면접을 통해 잔류를 결정한 직원일수록 회사에 대한 로열티가 높게 나타납니다.

이렇게 퇴직 면접을 하다 보면 3분의 1은 남고, 3분의 2는 떠납니다. 사직은 떠나는 직원에게도 상처가 됩니다. 좋은 재목은 옹이가 없어야 하는데 자꾸 옹이가 생기면 그 목재는 시장에서 경쟁력을 잃습니다.

'퇴사를 하겠다'는 결정을 직원이 주체적으로 내리듯, '퇴사를 하지 않겠다'는 선택 역시 직원이 하도록 하는 것. 언젠가 한 번은 맞닥뜨리게 되는 인생의 갈림길에서 정말로 내가 원하는 것은 무엇인지, 또 어떠한 방향으로 나아갈 것인지에 대해 깊이 고민하고 오로지 자신의 의지대로 결정해 보는 것. 가만히 내려앉아 자신의 내면과 대화하는 시간을 갖는 것. 저는 이것이야말로 퇴직 면접의 보이지 않는 힘이라고 생각합니다.

한국콜마,
유기농 경영의
핵심

화학이나 농약을 치지 않고 농사짓는 것을 유기농이라고 합니다. 그래서 많은 주부가 가족의 건강을 위해 유기농 재료로 음식을 만듭니다. 먹을 것 하나를 고를 때도 이렇게 신경을 쓰는데 인재를 선택하고 성장시키는 방식은 더하면 더했지, 덜해서는 안 된다고 생각합니다.

한국콜마는 '유기농 인재 경영'을 지향합니다. 저는 사람에게는 누구나 한 가지씩은 강점이 있다고 생각합니다. 개개인의 강점이 발휘될 수 있도록 환경을 만들어주면 누구나 인재로 성장할 수 있다는 믿음이 '유기농 경영철학'의 바탕입니다. 인재가 나무라면, 조직은 숲이 되는 셈입니다. 직원들이 끊임없이 배우고 스스로 잘할 수 있는 업무를 찾아 성장할 수 있는 환경을 조성하는 것. 이것이 유기농 경영의 핵심으로 저희 한국콜마는 몇 가지 인사 정책을 통해 이를 실현하고 있습니다.

그중 하나가 직원 스스로 자신을 승진 대상자로 추천하는 콜마 셀프 레코멘드KSR: Kolmar Self Recommend 제도입니다.

지금까지는 사원에서 주임으로, 주임에서 대리로 각각 승진하기 위해서는 최소한의 체류 기간을 두었습니다. 그러나 이러한 방식이 자칫 조직을 느슨하게 만들고, 구성원들이 성장의 기쁨을 느끼지 못할 수도 있다는 생각이 들어 'Fast Track'을 만든 것입니다. 자격이 있다면 조기 승진의 기회를 주는 것이 진정한 의미의 공평함이지, 물리적인 연한에 발을 묶어두는 것이 공평한 것만은 아닙니다. 무엇보다 이 제도의 최대 이점은 인재의 조기 발굴에 있습니다.

처음 이 제도를 마련하자고 했을 때 우려하는 목소리도 있었습니다. 겸손이 미덕인 우리나라 문화에서 자신을 추천하는 방식이 과연 정착 되겠느냐고 보았기 때문입니다. 충분히 일리 있는 문제 제기였습니다.

하지만 '저를 인재로 추천합니다'라고 할 정도가 되려면 직원 스스로 자신의 직무 역량에 대한 자신감이 있어야 합니다. 누가 봐도 납득이 갈 만큼 근거 있는 자신감을 가진 사람들이 지원할 수밖에 없습니다. 무엇보다 KSR 제도에 지원한 사람을 평가하고 승진을 결정하는 방식을 비밀에 부친다면 충분히 정착될 수 있다고 생각했습니다.

실제로 KSR 제도는 각 부문 대표들로 구성된 인사위원회에서 직접 평가를 합니다. 인재가 제출한 공적서의 진위와 앞으로의 성장 가능성, 근무 일수 및 태도 등을 종합적으로 살피며, 이와 관련해서는 직원과 인사위원회 담당자 이외에는 알 수 없도록 했습니다. 설사 승진이 되더라도 다른 사람과 똑같은 절차를 거치므로 누가 KSR 제도로 승진했는지는 알 수 없습니다. 이 제도를 도입한 때가 2013년이었습니다. 그 이후 지금까지 KSR 신청 대비 20%대의 승진율을 보였습니다.

직급을 지우는
3분 스피치의 힘

한국콜마와 관계사들은 한 달에 한 번 전 직원이 모여서 월례조회를 합니다. 이때 지위를 막론하고 누구든 자신이 원하는 주제로 3분 스피치를 할 수 있는 시간을 갖습니다.

"수분 아쿠아 크림이 우리 제품인지 몰랐습니다. 우리가 만든 제품 정보를 알 수 있는 시스템을 만들었으면 좋겠습니다."

한 평사원이 월례조회 때 건넨 제안이었습니다. 2만여 제품을 생산하다 보니 우리도 우리가 만든 제품이 어떤 것이고, 출시한 신제품이 몇 개나 되는지 모를 때가 많습니다. 외부 사람들은 내부 직원이라면 당연히 알 거라고 생각하지만 그렇지 않습니다.

그 직원의 말에 충분히 수긍이 갔습니다.

처음 3분 스피치를 하게 된 이유는 '왜 연단에는 꼭 임원만이 서야 할까? 평직원들이 가장 많은 실무 지식을 갖고 있는데 이들의 생각을 경영진도 들을 필요가 있다. 그래야 실사구시 경영을 할 수 있다.'라는 생각 때문이었습니다.

자신이 읽은 책에 대한 이야기도 좋고, 아주 개인적인 이야기여도 상관없습니다. 대화 주제가 뭐가 됐든 3분 동안 의견을 발표하는 시간을 갖게 되면, 서로에 대해 알아가서 좋고 신입사원은 회사생활에 필요한 정보를 얻을 수 있어 유용합니다.

3분 스피치 시간과 더불어 경영진과 임직원이 함께하는 행사가 우보천리 행군입니다.

과거에는 매해 신입사원은 공장이 있는 세종시에서 온양온천까지 40㎞의 행군을 했습니다. 기존의 임직원들은 겨울 지리산 둘레길을 걸으면서 산행을 했습니다.

지금은 한국콜마 여주아카데미 연수원이 생기면서 이곳에서 30㎞ 정도의 행군을 함께합니다. 코로나19 확산으로 좀 쉬었다가 계속하고 있는데 이 과정을 통해 힘들지만 함께 걸으면 덜 힘들고 끝까지 해낼 수 있다는 동행의 가치를 익힐 수 있다고 믿습니다.

한국콜마의
공부법

어느 정도 성장하여 수준이 오르면 겸손을 잃기 쉽습니다. 겸손을 몸으로 실천하는 가장 좋은 방법이 바로 공부입니다. 공부는 경솔하고 악한 태도보다 선한 태도를 갖도록 도와줍니다. 이것이 알게 모르게 자기 관리에 도움이 됩니다. 머리와 가슴에 든 것이 많아지면 경솔한 태도를 버리게 되니 저절로 자기 관리가 되기 때문입니다.

가령 섣불리 아는 체를 하고 싶어도 그것의 해로움을 아니 말문을 닫게 되고, 설사 자만심을 가질 수 있는 위치에 있더라도 공부를 통해 겸손의 힘을 익힘으로써 겸양謙讓의 자세를 잃지 않을 수 있습니다. 그래서 저는 회사원이 되면 더욱 공부에 힘을 실어야 한다고 생각해 저희만의 공부법을 만들어 직원들을 공부시키고 있습니다.

저희는 새로운 직원이 들어오면 직무에 대한 공부, 회사생활에 대한 공부, 인문학 공부 총 세 가지를 시킵니다. 회사생활에 대한 공부는 6개월간의 멘토 제도를 통하여 지도 선배에게 배우는 방식으로 이뤄집니다. 보통 멘토 제도라고 하면 일회성으로 끝나는 경우가 많은데 적어도 반년 정도는 해야 실효성이 있다고 판단하여 한국콜마에서는 6개월 동안 진행해 왔습니다.

그다음으로 직무 공부인데 업무 프로세스를 익히는 것이 여기에 해당합니다. 사실 신입일 때는 이것을 익히는 것도 힘에 벅찹니다. 그래서 고안한 방법이 런치 미팅을 통한 개인 과외입니다.

전담 코치를 배정하여 업무에 대한 부담감을 줄이고 업무 프로세스를 파악하도록 돕습니다. 또한 2개월 동안의 '공통 역량 집중교육'을 통하여 조직에 대한 이해를 높입니다. 일을 잘한다는 것은 일만 잘한다고 해서 되는 것이 아닙니다. 자신이 몸담고 있는 조직에 대한 이해를 바탕에 둘 때 인재가 될 수 있습니다. 인문학 공부는 천자문 쓰기, 인문학 특강, 역사필독서 탐독을 통하여 이루어집니다.

대학교 때까지 배운 공부가 책 안에서만 유용한 지식이라면 사회생활을 하면서 시작한 공부는 삶의 태도, 사람을 대하는 자세 등 인생의 방향에 영향을 미치는 훨씬 광범위하고 적극적인 공부입니다. 이러한

우보천리 동행만리

공부를 지속적으로 한 사람과 그렇지 않은 사람 간의 10년 후 모습은 하늘과 땅 차이만큼이나 달라질 겁니다. 저는 우리 직원들이 땅보다 하늘이기를 바랍니다.

또 공부만큼 유익한 복지도 없다고 생각합니다. 직원의 충성심은 돈에서 나온다고들 하지만 저는 '성장 사다리'를 놓아주는 것만큼 직원들의 가슴을 뛰게 만드는 보상도 없다고 생각합니다. 과연 '내가 성장하고 있구나' 하는 기쁨만큼 가슴을 뛰게 만드는 것이 있을까요? 돈은 딱 그때만 행복하게 만들지만, 성장하는 기쁨은 꽤 오래갑니다. 저 역시 회사 생활을 할 때 어제보다 나아진 제 모습에 뿌듯해하며 더욱 열정적으로 일했던 기억이 납니다. 지금의 젊은 친구들이라고 다를 것이라 생각하지 않습니다.

작은 기업들이 말하는 인재난이란, 경쟁력 있는 친구들이 지원하지 않아서 겪는 것 하나, 설사 괜찮은 직원이 들어왔다고 해도 얼마 못 가서 퇴사하는 것 하나, 총 두 개의 고민이 맞물려 있다고 볼 수 있습니다. 일하는 입장에서 평생직장이라는 개념이 사라졌듯 회사 입장에서도 평생직원이 사라진 것 같아서 안타깝습니다.

'얼마나 오래 머물게 할 수 있을까'는 작은 가게를 운영하든 큰 기업을 운영하든, 리더라면 한 번쯤은 고민하는 내용일 겁니다.

실제로 각종 경영자 모임 등에 가면 이 같은 고민을 토로하는 CEO들과 자주 만납니다.

얼마나
오래
머무르게
할 것인가

왜 직원만 1만 시간을 채워야 할까요? 회사도 직원들이 머무를 수 있도록 그 시간에 대해 책임을 져야 합니다. 1만 시간의 법칙은 사실 '2만 시간의 법칙'이나 다름없습니다. 직원이 회사에서 업무를 보는 1만 시간, 또 회사가 인재를 붙잡는 1만 시간. 이 둘이 합쳐질 때 투박한 쇠공이가 뾰족한 바늘이 되는 것이지 한쪽만 노력한다고 해서 성장하는 건 아닙니다.

'머무름'에 대해 고민하는 리더가 늘수록 중소·중견기업의 미래도 밝아질 수 있다고 믿습니다. 그러니 '우리는 대기업이 아닌데'라는 덫에서 벗어나 '대기업이 해주지 못하는 것을 해주자'는 식으로 생각의 스위치를 전환해야 합니다.

우보천리 동행만리

집안일은
우주에서 가장 큽니다

한국콜마가 찾은 답은 직원들의 가화家和입니다. 가화만사성에서의 가화로, '집안의 화목'에 기여하는 정책을 총칭한 말입니다. 집과 회사를 따로따로 두지 말고 교류하게 만드는 겁니다. 직원들 스스로 가정에서의 화목이 일에도 도움이 되고, 업무가 집에서도 도움이 된다는 마음을 갖게 하자는 단순한 생각에서 출발하였습니다.

리더나 직원 모두 착각하는 것 중 하나가 '회사가 집보다 중요하다'는 생각입니다. 잘 생각해 보면 그렇지 않습니다. 집 문제로 고민이 크면 사직을 하지, 집안일을 그만두지는 않습니다. 뛰어난 인재라고 해도 집이 우선일 수밖에 없는 만큼 회사가 가능한 범위 내에서 가화에 도움이 되는 정책을 주면 좋겠다는 취지로 생활밀착형 복지를 만들어나갔습니다.

그중 첫 번째가 반일휴가半日休暇입니다. 오전이든 오후든 상관없이 볼일이 있으면 반일의 휴가를 사용하는 제도입니다. 반차라고도 하는데 요즘은 모든 기업이 시행하지만 예전만 해도 그렇지 않았습니다. 집안에 누가 아프거나 부모님이 상경하거나 자녀 문제로 학교에 가야 하는 일이 있을 때, 몸은 회사에 있어도 마음은 이미 집에 가 있습니다.

집안에 대한 고민이 반복적으로 생겨나면 직장생활에 대한 회의감이 들고, 특히 자녀 문제가 누적되면 여직원들은 퇴사를 고민할 수밖에 없습니다. 조금이나마 이러한 짐을 덜어주고 싶었습니다. 실질적으로 해보니 반일휴가를 쓴 직원은 회사에 와서 더욱 열심히 일하는 모습을 보였습니다. 온종일 회사에 있으면서 심란한 마음에 일이 손에 잡히지 않는 것보다 문제를 해결하고 와서 업무에 집중한다면 회사 입장에서도 커다란 이득입니다.

이 전통은 이제 반반차라는 제도로까지 확장되고 있습니다. 반의 반차가 무슨 의미가 있을까 싶지만 그만큼 시간을 절약하고 관리하는 습관을 낳게 해준다는 측면에서 큰 도움이 됩니다.

화장은 하는 것보다 유지가 중요하듯, 제도 역시 만드는 것보다 유지하는 것이 중요합니다.

'반일휴가는 점심시간처럼.'

점심시간은 아무도 눈치를 주지도 보지도 않는 쉬는 시간입니다. 반일휴가도 점심시간처럼 정상적인 문화로 여기도록 하려면 직원들이 눈치 보지 않고 휴가를 쓰는 문화를 조성하는 일이 중요하다고 생각했습니다. 그래서 팀장이나 부서장들부터 반일휴가를 쓰라고 시켰습니다. 윗사람이 하면 그 아랫사람들도 따라서 하게 되어 하나의 문화로 자리 잡을 수 있습니다.

반일 휴가제도는 40여 년 전 제가 직장인일 때 직원과 회사 양측 입장에 우리나라 최초로 고안한 제도입니다. 이제는 어느 곳이나 이 제도를 채택하여 큰 보람을 느낍니다.

생명 축하금과
효도 수당

세 가구가 진나라를 멸망시킨다는 삼호망진三戶亡秦이라는 말이 있습니다. 작은 힘이 크게 쓰인다는 뜻이나 저는 이 말을 '사람의 힘이 가장 크다'는 말로 재해석하고자 합니다. 세 집이 아이를 두 명씩 낳으면 여섯 가구가 되고, 여섯 가구가 두 명만 낳아도 열두 가구가 됩니다. 세 가구에서 열두 가구로 무려 네 배나 불어나는 셈이지요. 이런 관점에서 새로 태어나는 한 명의 아이는 열두 명의 생명이나 다름없습니다.

숱하게 결재를 해오면서 가장 기억에 남을 만한 결재가 몇 년 전에 있었습니다. 바로 셋째 자녀를 출산한 직원에게 포상금 1,000만 원을 주는 안건이었습니다. 사람이 머무는 집이 기업이라면, 그렇게 되기 위해서는 먼저 집에서 아이의 울음소리가 많아져야 합니다.

첫째를 출산하면 50만 원, 둘째를 출산하면 100만 원, 셋째를 출산하면 500만 원을 지원하는 출산 장려금을 정착시킨 것도 이 때문입니다. 2021년부터는 첫째를 출산하면 100만 원, 둘째를 출산하면 200만 원, 셋째를 출산하면 1,000만 원의 축하금을 지급하는 것으로 바꿨습니다.

더불어 6세에서 7세의 자녀를 둔 직원들에게도 미취학아동 교육수당을 지급합니다. 그들이 커서 한국콜마의 인재가 되거나 고객이 될 수 있으니 이보다 확실한 투자가 없습니다. 인구절벽 문제가 심각한 사회 문제가 된 이때 우리 회사라도 보탬이 되고자 하는 마음이 간절합니다.

인터뷰할 때 기자들이 많이 묻는 것 중 하나가 효도 수당과 효 가산점에 대한 것입니다.

'할머니 할아버지랑 함께 사는 지원자는 가산점을 주자'라고 했을 때 임직원들이 눈을 크게 뜬 모습이 아직도 선명합니다. 기본적으로 조부모 밑에서 성장한 아이는 협업 정신이 뛰어납니다.

어른들이 말씀하실 때, 반듯한 친구들을 보시고 '가정교육이 잘되어 있구나'라며 칭찬을 하는데 여기에는 큰 의미가 들어 있습니다. 가정교육은 누구나 받아야 할 필수 과정도 아니고, 교육의 방향 또한 집집마다 다릅니다. 그런데 이미 협업 정신이라는 핵심 역량을 익히고 왔으니 회사 입장에서는 '얼씨구나'일 수밖에 없습니다.

면접을 볼 때 유난히 반듯한 친구들이 있습니다. 이런 친구들은 수십 명 무리 속에 있어도 반짝반짝 빛이 나서 면접관의 눈에 들어옵니다. 이미 심리적 가산점을 받은 셈이지요. 그래서 우리는 부모님의 뿌리나 고향에 대해 잘 알고 있거나 대가족에서 자란 친구가 있으면 '효 가산점'을 줍니다. '효'라는 심리적 가산점을 물리적인 가산점으로 줌으로써 협업과 리더십이 뛰어난 인재를 확보하겠다는 나름의 전략입니다.

또 처가댁이든, 시댁이든 상관없이 부모를 모시고 살면 매달 20만 원의 효도 수당을 줍니다. 공자는 효도를 만덕의 근원이라고 했습니다. 왜 그랬을까요? 만 가지 덕 중 으뜸이 효라고 한 데는 '효심'을 갖춘 자는 나머지 덕도 알아서 쌓을 만큼의 바탕이 있기 때문입니다.

집안 문제를 이길
인재는 없습니다

집안 문제에 회사가 참견하니 오지랖도 넓다며 핀잔을 주는 분이 있을지 모르겠습니다. 그래도 상관없습니다. 한 사람의 생명이 태어난다는 것은 미래 인재가 늘어난다는 뜻이고, 집안 문제로 퇴사를 고민하지 않는 직원이 늘어나야 핵심 인재도 늘어나며, 가정교육을 바탕으로 인성이 갖춰진 인재가 우리 식구가 되어준다면 이 모든 것이 '세대를 초월한 이득'이 될 거라고 믿습니다.

원칙만큼
뛰어난
협상가는
없습니다

협력사나 거래처 입장에서 보면, 무엇인가를 결정할 때 한국콜마 회장의 생각이 중요할까요? 아니면 자기랑 피드백을 주고받는 실무자의 생각이 중요할까요? 당연히 후자입니다. 그들은 직원을 통해 한국콜마를 보고 듣는 것이지, 한국콜마의 경영진이 누구고 어떤 생각을 갖고 있는지는 그다지 중요하지 않습니다.

지금까지 의사결정, 일에 대한 판단이라고 하면 오너나 임원진만 내리는 것으로 간주해 리더십의 관점으로만 다뤄진 측면이 강합니다. 하지만 점점 갈수록 소수의 경영진보다 실무자들이 내리는 '작은 결정의 합'이 회사의 정체성을 결정하는 일이 많아지고 있습니다.

보통 오너는 인사 업무에 대해 가장 궁금해하고, 임원들은 매출 등 숫자에 민감해합니다. 그럼 직원들은 무엇에 가장 민감할까요? 모르긴 몰라도 업무 마감일과 거래처와의 관계일 겁니다. 사람은 본능적으로 자신이 중요하다고 생각하는 것을 기준으로 의사결정을 하는데 여기서 등장하는 개념이 프레임입니다. 프레임은 사고의 출발점이자 앵글의 각도, 또는 창을 말합니다. 창문이 삼각형이면 바깥 풍경도 세모로 보이고, 창문이 사각형이면 풍경도 네모로 보입니다. 선과 악, 옳고 그름을 판단할 때도 자신만의 일정한 프레임을 사용합니다.

납기일의 관점 vs 품질의 관점

일할 때도 프레임은 결정적인 역할을 합니다. 만약 열다섯 가지 재료가 들어가는 제품을 만드는데 한두 가지 원료가 부족하다면? 또 원료를 구하려면 두 달 정도 걸리고 그 원료들이 품질에 큰 영향을 주지 않는다면 어떻게 해야 할까요? 그 원료가 핵심 재료라면 의사결정이 편할 텐데 항상 그런 것만은 아니니 난감할 때가 있습니다.

> 납기일을 최우선으로 하여 모든 원료가 갖추어지지 않아도 진행한다.
> 납기일을 미루고 모든 원료를 갖춘 다음에 진행한다.

이러한 선택지에서 어떤 것을 택할지 판단하도록 도와주는 것이 프레임입니다. 첫 번째를 선택한 사람은 '납기일'이라는 관점에서 문제를 본 것이고, 두 번째를 택한 사람은 '품질'이라는 관점으로 문제를 본 것입니다. 누가 맞고 틀린 것이 아니라 각자 취한 프레임이 상이한 것뿐입니다. 만약 직원들이 여기서 고민한다면 중간 관리자나 팀장은 후속 절차를 가늠한 뒤 직원의 고민을 덜어주면 수월하게 문제를 해결할 수 있습니다.

만약 저에게 물어본다면 '품질의 관점'에 손을 들어주겠습니다. 가지고 있는 원료로 제품을 만듦으로써 납기일을 맞추면 우리도 편하고 거래처도 좋습니다. 하지만 고객이 피해를 봅니다. 궁극적으로 고객이 피해를 보면 역순으로 거래처, 우리까지 피해가 옵니다. 단지 피해가 오기까지 시간이 걸릴 뿐입니다.

반면, 원료를 구하기 위해 납기일을 늦추면 우리는 물론 거래처도 타격을 입습니다. 하지만 고객에게는 피해가 가지 않습니다.

바로 이 지점이 의사결정 포인트입니다.

일을 하다 보면 '무엇이 더 좋은 결정인가'보다 '무엇이 덜 나쁜 결정인가'를 두고 밤새는 일이 훨씬 많습니다. 이런 때는 기브 앤 테이크가 가능한 대상인지에 대해 짚어보는 것도 도움이 됩니다. 즉, 수습이 가능한 대상과 그렇지 않은 대상을 분류하는 것으로도 문제가 해결된다는 뜻입니다. 잘 생각해도 거래처는 기브 앤 테이크가 가능하나 외부 고객은 불가능합니다. 우리 회사와 거래처에만 피해가 간다면 얼마든지 다른 약속을 통해 수습이 가능하지만 외부 고객에게 피해가 가면 신뢰를 잃게 되니 문제가 전방위적으로 커집니다. 그래서 품질이라는 프레임을 기준으로 의사결정을 내리는 쪽을 지지한 겁니다.

우보천리 동행만리

어떻게 문제를
해결할 것인가

납기일을 미루고 원료를 구하자고 했을 때 그 사람은 직원들 사이에서 어떤 대우를 받을까요? 현장에서는 편의성을 원하는 목소리들이 다수입니다. 팀원들은 원료를 구하자고 고집을 피우는 직원에게 '납기일이 얼마나 중요한데 팔자 좋은 소리를 하느냐', '너만 원칙을 지키면 우리는 뭐가 되느냐'라며 융통성 없는 사람으로 낙인찍기도 하지요. 이런 상황이라면 융통성을 발휘하지 않는 고집쟁이로 가되, 윗선에 대안을 묻는 전략으로 가는 편이 효율적입니다. 한국콜마에서는 수만 종의 제품을 생산하다 보니 실제로 이런 상황에 놓이는 일이 많습니다.

'원칙만큼 뛰어난 협상가는 없다'가 제 신념입니다. 원칙을 지키는 건 누구보다 자신에게 유리한 협상 전술이 됩니다. 죄를 짓지 않으면 법정에 가서도 당당하듯 원칙을 지키면 상대가 누구든 무조건 이기게 되어 있습니다.

기업의 규모가 커지면 리스크에 노출되는 빈도수도 높아지는데 그런 상황에 놓일 때, 뼈마디마다 '원칙만큼 뛰어난 보호막이 없다'는 것을 새겨 넣는 것이 중요합니다. 당장 납기일을 지키면 거래처는 좋아할지 모르나 문제가 발생하면 우리 측에 책임을 묻지 않을 수 없습니다. 그때 가서 문제를 해결하려고 하면 의가 상하여 이후에 일하게 될 때도 불편해집니다.

그러니 거래처와의 사이가 망가질 것이 두려워서, 혹은 편하게 일하고 싶어서 원칙이라는 갑옷을 벗어 던지는 실수는 하지 않는 것이 좋습니다. 당장의 편리를 보류함으로써 더 중요한 것을 놓치지 않도록 경계하는 것입니다.

그럼 납기일의 관점으로 결정한 직원들을 나무라야 할까요? 그렇지 않습니다. 이들 역시 품질을 택한 직원만큼 일에 대한 열정을 지닌 사람들입니다. 다만 어떻게 결정을 내려야 손실을 최소화하는지에 대한 이해를 회사가 교육 등을 통해 알려주면 됩니다.

생각은 사람마다 다를 수 있습니다. 일을 하면서 만나는 경우의 수가 다양한 데다 변수가 어디서 어떻게 나타날지도 모르는 만큼 '이것이 정답이다'라고 하는 전략도 딱히 없습니다.

만약 거래처 직원이 제품 출시일에 맞춰서 홍보 및 프로모션 준비를 해놓았으니 납기일을 맞춰달라고 한다면 그런 상황에서 '두 달이 더 필요하다'라며 말하는 데도 상당한 용기가 필요합니다. 이런 때는 '제3자가 나를 보고 있다', 즉 타인의 시선을 의식하여 마음을 붙잡는 것도 도움이 됩니다.

남들이 나의 결정을 어떤 눈으로 볼 것이냐를 생각하면 당장 상대방과 불편한 이야기를 주고받더라도 마냥 그렇다는 말을 내뱉지 못하게 될 것입니다.

성과를 남겨두는
예의

나 하나 꽃피어

풀밭이 달라지겠냐고

말하지 말아라

네가 꽃피고 나도 꽃피면

결국 풀밭이 온통

꽃밭이 되는 것 아니겠느냐

나 하나 물들어

산이 달라지겠냐고도

말하지 말아라

내가 물들고 너도 물들면

결국 온 산이 활활

타오르는 것 아니겠느냐

조동화 시인의 〈나 하나 꽃피어〉라는 시입니다.

나 하나 빠진다고 문제가 안 된다고 생각하거나 나 하나 바뀌어서 세상이 달라지냐고 묻는 사람들이 있습니다. '나 하나쯤이야'라는 생각의 이면에는 내가 전부라는 사상이 똬리를 틀고 있으며 소유욕, 독식으로 그 모습이 나타납니다.

CEO들과의 모임이 많다 보니 경영자 리더십에 대해 생각하게 될 때가 많습니다. 소유권과 경영권이 일치하는 기업도 있지만 분리가 된 경우도 있습니다. 경영 관리만 하는 사람을 전문경영인이라고 합니다. 이들이 자신의 이익과 회사의 이익이 일치한다고 믿으면 좋은데 그렇지 않다고 여기는 분들도 있습니다.

전문경영인들은 재임 기간이 정해져 있어 가시적인 성과를 내야 하는 부담감을 안고 있을 수밖에 없습니다. 꼭 연임을 염두에 두지 않더라도 나중에 다른 곳으로 자리를 옮길 것을 생각하면 어쩔 수 없이 가시적인 성과에 매달리게 됩니다. 여기까지는 괜찮습니다. 하지만 혼자서 성과를 독식하고 회사를 떠나는 일은 경계해야 합니다.

사회는 성과보다
인성에 반합니다

일본의 내진 설계를 보면 다른 사람을 배려하는 정신이 기가 막히게 배어 있습니다. 일본 신주쿠에 있는 빌딩들을 보면 기초 철근의 마감 처리가 돼 있지 않습니다. A라는 빌딩이 있으면 바로 옆 건물과 묶일 수 있도록 기초 철근이 삐죽 나와 있습니다. 같은 방식으로 B라는 건물은 C라는 건물과 또 C라는 건물은 바로 옆에 있는 건물과 손을 잡는 시스템이 일본의 내진 설계입니다. 지진이 나더라도 기초 철근으로 묶인 빌딩들이 힘을 합쳐서 버티므로 쉽게 무너지지 않습니다. 한 건물에만 최첨단 설계를 적용한다고 해서 살아남을 수 있는 게 아닙니다. 우리도 이렇게 일을 해야 합니다.

성과를 독식하기보다 후임자가 기존의 성과에 더해서 퍼포먼스를 내도록 일정 부분 성과를 남겨두는 예의, 이것이야말로 회사를 위하는 리더의 모습입니다.

'경쟁사회인데 그게 무슨 소리냐'라고 반문할지 모르나 생각보다 사회는 달라진 것이 없습니다. 돈, 경쟁, 속도를 지향하는 것 같지만 정, 배려, 예의에 더 크게 감동하며 예상치 못한 곳으로까지 소문을 퍼트립니다.

'누가 얼마나 돈을 벌었다더라'라는 말은 길어야 일주일 정도 소문이 나고 말지만 '누가 이만큼 공헌을 했더라'라는 말은 오랫동안 회자되는 경우를 자주 목격합니다.

전문경영인들에게만 해당하는 이야기는 아닙니다. 성과라고 하는 것이 혼자서 잘한다고 나오는 것도 아니고, 설사 그렇다 하더라도 선임자가 어려운 문제를 해결해 놓고 나간 덕에 핵심 업무에만 집중하여 맺은 결실이라면 선임자와 후임자가 공동으로 성과를 만든 것입니다.

경영자가 성과를 남겨두는 예의를 갖추지 않은 채 나오면 회사는 애를 먹게 되고 결과적으로 성과를 독식하고 떠난 사람에 대해서 나쁜 평가가 매겨집니다.

결단이란 자신이 하고 싶은 것을 선택하는 것이 아닙니다. 독식하고 싶어도 남겨두는 것, 하고 싶지 않은 것을 하는 것, 손해를 감수해서라도 정도正道를 선택하는 것이 결단입니다. 그저 하고 싶은 것을 하는 건 욕망의 실현에 불과합니다.

미래가 있으면
현실에 집착하지 않습니다

진정한 의미의 결단을 하기 위해서는 꿈이 필요합니다. 전문경영인을 보면 크게 성과를 소유하려는 CEO와 경험을 얻으려는 CEO로 나뉩니다. 이 두 사람의 차이는 꿈을 소유하고 있느냐에 달려 있습니다. 꿈이 없는 CEO는 어떻게 해서든 성과를 독식해야 한다는 강박에 시달리는 반면, 꿈이 있는 CEO는 현재 맡겨진 책무를 미래의 꿈을 위한 밑거름이라고 생각합니다. 미래가 있으니 현재에 집착할 이유가 없는 겁니다.

여기서 꿈이 어떤 역할을 하느냐가 궁금할 텐데, 아직 가야 할 길이 많은 청춘에게 꿈은 희망과 미래의 상징입니다. 하지만 이미 많은 길을 온 사람에게 꿈은 경계이자 자기 관리입니다. 꿈을 가진 중년일수록 넘치는 삶보다 정돈된 삶을 지향하며 헛된 욕망을 가지는 것을 늘 경계합니다. 과욕이 인생의 존엄성을 어떻게 훼손시키는지를 살아오면서 수차례 목격하였기에 자연스럽게 그렇게 됩니다.

꿈이 경계의 역할을 한다는 것을 경험적으로 압니다. 또한 꿈이 있는 사람일수록 성장의 방향이 수직이나 돈이 아니라, 수평과 사람으로 향해 있습니다. 당연히 이기심이 들 자리는 어디에도 없습니다. 이렇게 되면 노년기가 되었을 때 어떤 효과가 나타나는 줄 아세요?

젊을 때 꿈을 세우면 흔들리지 않는 불혹을 맞이할 수 있다고 앞에서 이야기했습니다. 비단 꿈의 효과는 여기서 그치지 않습니다. 귀가 순해지는 '이순耳順의 시기'도 잘 보낼 수 있도록 도와줍니다. 귀가 순해진다는 뜻의 '이순'은 누가 자신을 비난하더라도 인내하고 수용하는 것을 말합니다. 이는 곧 더불어 사는 능력과 연결됩니다. 젊었을 때는 누가 비난하면 참지 못하고 따지거나 갈등 관계를 형성하기 쉽습니다. 하지만 60세, 이순의 시기에 접어들면 이런저런 이야기도 모두 들을 수 있게 됩니다. 불혹의 나이에 꿈을 위해 욕심을 경계하고, 후임자를 배려하는 인품을 발휘했다면 그 사람의 노년은 절대 외롭지 않습니다.

마지막으로 글 서두에 놓은 조동화 선생님의 시를 살짝 개작해 보겠습니다.

한 송이 꽃이 하나의 정원이라고 생각하면

나 하나 꽃피어 풀밭이 달라지겠냐는 생각이 들지 않을 것이요

은행잎 하나가 하나의 산이라고 생각하면
나 하나 물들어 산이 달라지겠냐고도 말하지 않을 것이다

한 송이의 꽃이 정원이 되는 꿈, 은행잎 하나가 산이 되는 꿈을 갖는
다면 우리는 생각보다 더 많은 변화를 불러올 수 있습니다.

케이스
뒷면에
회사 이름이
찍힌다는 것

한국콜마는 국내 최초로 제조자개발생산방식(ODM)을 도입해 화장품, 건강기능식품, 의약품을 다루는 기업이 되었습니다. 독자적인 기술력을 갖고 있다는 데서 주문자상표부착생산방식(OEM)과 차별점이 있습니다. 또한 하나의 생산 솔루션을 하나의 기업에게만 적용시키는 '1사 1처방 원칙'을 고수하며, 거래처가 원하는 제품을 개발부터 납품까지 도맡는 종합 서비스를 제공하고 있습니다. 지금은 국내뿐만 아니라 전 세계 900여 개의 기업에 완제품을 공급하고 있는데 그 결과, 2023년 현재 전 관계사 연결 매출이 3조 원이 넘는 우량 기업으로 성장하였습니다.

돌이켜 보면 창업 초기와 중기 때만 해도 인재난과 경제난이 골칫거리였지만 중소기업에서 중견기업으로 넘어오면서 이 두 가지는 자연스럽게 해소되었습니다. 그런데 어느 정도 성장을 하자 브랜드에 대한 문제가 대두되었습니다.

화장품 산업은 소비재 산업 가운데서도 소비자들이 일상에서 자주 접하는 친근한 산업입니다. 일반적인 소비재에 비해 기호성과 유행성이 강해 브랜드를 구축하고 마케팅을 하는 데 적지 않은 공을 들입니다. 트렌드에 민감한 사람이라면 최근에 인기 있는 중저가 브랜드부터 고가 브랜드까지 쭉 꿰고 있을 겁니다.

한국콜마의 경우에는 소비자들을 직접 상대하는 게 아니다 보니 일반 소비자들이 우리 브랜드를 인식하기란 쉽지 않습니다. 대한민국 여성이라면 누구나 한국콜마에서 제조한 화장품을 한두 개는 가지고 있지만 그 화장품 케이스 뒷면에는 제조사 한국콜마가 작은 글씨로 표시되어 있습니다. 기업 규모에 비해 존재감이 다소 약하다 보니 직원들에게는 그런 점들이 아쉬울 수 있습니다.

"아무개 씨는 어디 다니세요?"

"한국콜마라는 화장품 회사요."

"처음 듣는데 우리나라 기업이에요?"

"화장품 만드는 기업인데 업계에서는 꽤 유명합니다."

"A사나 L사가 제일 유명하지 않나요?"

창업 초기만 해도 어디 가서 한국콜마라고 이름을 대면 홍길동도 아닌데 회사 이름을 부르기 애매한 상황에 놓이곤 했습니다. 많은 중소·중견 기업들이 겪는 고민이기도 할 겁니다. 직원들이 유명한 브랜드 회사로 이직해 갔다는 소식이 들리기 시작하면서 이 문제를 어떻게 해결하면 좋을지 고민했습니다. 고민 끝에 외형 문제는 외형으로 풀자고 결심하였습니다.

외형 성장을
이루는 방식

기업의 기본적인 목표는 이윤을 만들어내는 것입니다. 윤리 경영을 하는 것도 중요하지만 이익을 도모하는 일이 천박하다고 생각하는 것 또한 경계해야 합니다. 이익이 나야 연구개발 및 인력들에게 월급을 제공하여 회사의 성장을 도모할 수 있기 때문입니다.

마찬가지로 내면의 성장 못지않게 외형 성장도 동일한 수준으로 중요합니다. 우리끼리 잘 먹고 잘사는 것도 중요하지만 밖에서 보기에도 괜찮은 회사여야 직원들이 자신감을 가질 수 있습니다. 이건 단순히 타인을 의식하겠다는 피동적인 경영이 아니라 타인의 시선을 직원들의 자존감을 높이는 연료로 활용하는 능동적인 경영입니다. 그렇다고 자사가 가진 정체성을 훼손하거나 외면하는 성장은 옳지 못합니다.

ODM이 한국콜마의 정체성이니 외형 성장도 여기에서 출발하기로 하였습니다. 중국의 역사만 봐도 돌궐족이나 여진족 같은 이민족들의 문화와 한족의 문화가 잘 융합되어 발전을 거듭했습니다. 이민족들이 중원을 장악하는 과정에서 한족의 문화를 무조건 계승하고 그들의 스타일을 버렸다면 오늘날의 중국은 없었을 것입니다.

ODM은 단순히 남의 제품을 만들어주는 시스템이 아닙니다.

ODM은 브랜드 파워보다 기술력이 생명이기에 글로벌 시장으로 진입하는 장벽이 굉장히 낮습니다. '로컬에서 글로벌'이라는 외형 성장을 이루게 한 동력 역시 ODM이었습니다.

글로벌 기업이 되려면 사람을 키워야 합니다. 많은 국내 기업이 상하이上海로 진출한 것과 달리 한국콜마는 규제가 까다로운 베이징北京에 터를 잡았습니다. 그래야 훈련이 된다고 믿었기 때문입니다. 실제로 2008년에 베이징 올림픽이 열리면서 공장을 설립하는 데 8개월이나 지연되는 어려움을 겪었습니다.

'16억 명의 시장을 다 가져올 수 없다. 이 중 10%만 공략해도 1억 6,000만 명의 고객이 생기는 것이다.'

당시 제가 세운 목표였습니다. 물이 위에서 아래로 흐르듯, 프리미엄 시장을 공략해 성공하면 자연스럽게 아래로 뻗어 나가는 그림을 가지고 직원들과 안팎으로 뛰어다녔습니다.

현지에서 일하는 직원들에게 중국의 역사를 공부시키기도 했습니다. 비즈니스란 기본적으로 사람의 마음을 사로잡는 것이고 설득하는 것인데, 다른 나라의 사람과 비즈니스를 하려면 그 나라의 역사와 뿌리를 어느 정도 알아야 한다고 생각하기 때문입니다.

공유하는 원심이 넓어지면
로열티도 커집니다

글로벌화 못지않게 신경 쓰는 것이 외형 성장의 다양화입니다. 한국콜마는 화장품 사업을 주력으로 하면서 제약과 건강기능식품 부문까지 아우르고 있습니다. '규모의 경제'를 실현한 겁니다. 여러 개의 제품을 생산하면 각각 생산할 때보다 생산 비용이 낮아지는 것을 규모의 경제라고 하는데 단순히 단가가 낮아지는 효과만 있는 것이 아닙니다.

하나와 하나를 합치면 둘이 아니라 셋 이상이 됩니다. 연고와 영양크림은 카테고리는 다르지만 동일한 기술이 사용될 수 있습니다. 실제로 연고의 백탁현상을 없애는 과정에서 영양크림에서 사용한 기술을 접목하여 상용화하였습니다. 이것만이 아닙니다.

제약은 '약효를 얼마나 오랫동안 지속시키느냐'라는 전달 기술이 핵심입니다.

왜 화장실이라고 하는 줄 아나요. 여자들이 화장을 고쳐야 하는 곳이기 때문입니다. 지금이야 화장품 성능이 좋아져서 아침에 화장해도 오래 지속되지만 십수 년 전만 해도 '지속력'은 화장품 기업들의 최대 난제였습니다. 한국콜마는 제약에서 사용되는 기술을 화장품에다 접목하여 이를 해소하는 데 일조하였습니다.

다양성은 A에서 B로 스펙트럼이 넓어지는 것이 아니라 기술과 기술의 교집합을 이루는 과정에서 부가가치가 창출되는 혁신이라는 사실을 깨달았습니다. 전달체계를 제약에서 화장품으로 옮기고, 사용감을 화장품에서 제약으로 옮기면서 생각지도 못했던 시너지 효과를 얻었습니다. 외형 성장을 고민하지 않았다면 알지 못했을 겁니다.

화장품과 제약, 건강기능, 이 세 분야를 부문별로 각기 두는 것이 연방적인 사고라면 세 분야를 합치는 건 중앙집권적인 사고입니다.

이 때문에 한국콜마는 중앙집권적인 사고로 더욱 창의적이고자 서초구 헌릉로에 한국콜마 종합기술원을 세웠습니다. 이곳은 세계 최초로 화장품, 제약바이오, 건강기능식품 연구소를 통합한 R&D클러스터입니다. 제형과 소재 연구부터 향로, 패키지 연구까지 제품 개발에 필요한 모든 R&D 프로세스를 지원하고 있습니다.

리더십이란 영향을 주는 힘입니다. 극치의 리더십에서 나올 수 있는 극치의 '충忠'은 대의를 위해 목숨까지 기꺼이 내놓는 것입니다. 헬기가 민가에 떨어지면 조종사는 살지만 민가는 피해를 보니 조종사가 안전한 곳으로 헬기를 이동시킨 후 죽음을 택하는 것이 대표적인 예입니다.

역사에서도 보면 왕건을 대신해 죽은 신숭겸 장군, 김춘추를 대신해 죽은 온군해溫君解가 있습니다. 신숭겸과 온군해 모두 '통일'이라는 대업을 리더들이 이뤄주길 바랐기 때문입니다.

목숨을 걸 만큼의 명분을 리더가 제시한다면 기꺼이 전력을 다할 것입니다. 개인의 욕심으로는 아무도 따르게 할 수 없지만, 커다란 비전은 많은 사람을 따르게 할 수 있습니다. 개인에게는 꿈이지만 집단에게는 명분이 곧 비전이 됩니다.

사람이 됐든, 기술이 됐든, 업무 역량이 됐든 점유하는 원심이 넓어지
진다는 가능성. 이것이야말로 직원들의 능동성을 끄집어내는 핵심 무
기입니다.

3장

인문학이
경영 안으로 들어오다

是而利

‘시이리是而利’는 옳은 길을 선택함으로써 이익을 얻는 것을 말합니다. 하지만 현실에서는 처음부터 이 같은 결과를 얻기가 매우 어렵습니다. ‘시이리是而害’로 가고자 해도 이익보다 손해가 나는 ‘시이해’로 빠질 공산이 큽니다. 혼자만 바보처럼 사는 것 같고, 또 괜스레 손해만 보는 것 같습니다. 그럼에도 정약용 선생은 우리에게 ‘시이해’를 택하라고 말합니다. 처음에는 손해를 보는 것처럼 보여도 종래에는 손해가 이익으로 바뀌기 때문입니다. 다만 일정한 시간이 걸립니다. 이 기간을 견디는 것이 만만치 않습니다. 그러나 우리는 담대한 마음을 가지고 우직하게 정도正道를 걸어야 합니다. 그래야 진정으로 내가 원하는 것에 다다를 수 있습니다. 그 길밖에 없다고 생각해야 합니다.

인문학을
경영 안으로
들여놓는 법

조선 초기에는 유교를 중심으로 국가의 기틀을 세우는 것이 중요했습니다. 그래서 전통을 중심으로 모든 정책이 결정되고 풍습이 만들어졌습니다. 그러다 보니 현실과 동떨어진 정책들만 나오게 되고, 관리들이 공리공론만 한다는 자성의 목소리가 조선 후기에 나오기 시작했습니다. 바로 이때 나온 학풍이 실학입니다. 실학은 경세치용經世致用, 이용후생利用厚生, 실사구시實事求是로 나뉩니다. 그중 경영의 본으로 삼고자 했던 것이 실사구시의 개념과 자세입니다. 실사구시는 사실에 입각하여 학문에 정진하는 태도를 가리킵니다. 이는 실용 경영을 추구하는 제 뜻과 일맥상통하는 부분이 많습니다.

한국콜마 연구개발의 핵심기지인 종합기술원에는 상주하는 연구원만 600여 명이 있습니다. '30:7의 법칙'은 정약용 선생의 실사구시를 경영 안으로 들인 대표적인 케이스입니다. 전체 직원 중 30%는 연구개발 인력으로 채우며, 매년 영업이익의 7%는 반드시 연구비용으로 사용하는 것을 원칙으로 삼는 것이 30:7의 법칙입니다.

저는 평소에 인문학을 물처럼 사용해야 한다는 신념을 가지고 있습니다. 인문학을 학문의 권좌에 올려놓기보다 물처럼 생활 곳곳으로 흘러들어오게 할 때 그 가치에 쓸모가 생겨 더욱 빛나기 때문입니다.

"역사는 집에도 있고 회사에도 있습니다."

역사를 책에 가두지 말았으면 하여 직원들에게 자주 당부합니다. 가령 인수인계 과정에서 전임자의 공적을 후임자가 전면 취소한 뒤 다시 시작하는 건 비非역사적인 태도입니다. 고려가 있어야 조선이 존재하듯 이전의 역사가 없는 역사는 존재 자체가 불가능합니다. '이전의 역사'인 전임자를 존중해야 '이후의 역사'를 만들 후임자도 바로 설 수 있습니다. 더욱이 전임자가 퇴사하지 않은 상태라면 의가 상할 수도 있는 문제입니다.

전임과 후임 사이, 상사와 부하 사이가 역사라는 사실을 깨닫는 것으로도 직장 내에서의 관계에 대한 어려움을 상당히 덜 수 있습니다.

회사생활에
역사와 철학을
들여놓다

시간의 흐름 속에서 나타나는 모든 현상이 역사입니다. 봄에서 여름으로 넘어가는 것도 역사요, 지하철 공사가 마무리되거나 백화점에서 계절상품을 내놓는 것도 역사요, 2분기 실적 발표에서 3분기 실적 발표로 넘어가는 것도 역사입니다. 그런데 시간을 엮어가려면 공간이 필요합니다. 여기서 말하는 공간이란 사람과 사람 사이의 틈, 사람과 자연의 간격을 이야기합니다. 이런 것을 추정하고 생각하는 학문이 바로 철학입니다. 시간을 연결하는 것이 역사라면, 공간과 공간을 정의하는 것이 철학이 되는 셈이지요.

그래서 인간과 인간의 문제를 처음으로 다룬 소크라테스를 진정한 철학의 시작으로 보는 겁니다. 사람과 사람 사이의 문제를 고민하고 거기에 맞는 규범을 제시하는 사람들이 철학자입니다.

이들은 주로 제3의 눈으로 시간과 공간을 바라봅니다.

제3의 눈이란 일상의 것을 낯설게 보는 눈입니다. 이미 우리는 일상에서 이 제3의 눈을 사용하고 있습니다. 특히 협력사와 협상을 벌이거나 동료들과 머리를 맞대고 아이디어를 짜낼 때 요긴하게 쓰고 있습니다. 협상과 협업, 모두 관계 안에서 이뤄지는 활동입니다. 상대방이 원하는 것과 우리가 들어줄 수 있는 것을 조율하려면 제3의 눈이 절대적으로 필요합니다.

철학자 강신주 씨가 쓴 《감정수업》을 보면 "경쟁심이란 타인이 사물에 대해 욕망을 가질 때 우리 내면에 생기는 동일한 사물에 대한 욕망이다."라며 스피노자가 정의한 경쟁심에 대한 내용을 차용하고 있습니다. 동일한 사물에 대한 욕망이 경쟁심을 부추기는 원인이라면 협상을 벌이거나 동료들과 일할 때 '다른 시선'으로 바라보면 그 사물로 인한 갈등을 피할 수 있습니다. 다르게 보면 동일한 사물이 될 수 없습니다. 이것이 철학자의 시선으로 이전의 것을 낯설게 봄으로써 우리가 얻는 이득입니다. 다시 말해 '너도 갖고 싶어 하니 나도 탐나는 물건'이 아니라 '정말 그만한 가치가 있는 물건인가'라는 질문을 던지는 것입니다. 당장은 가치가 커 보일지 모르나 하루만 자고 일어나도 중요한 것이 아닌 경우가 훨씬 많습니다. 즉시 경쟁을 하기보다 하루만 유보하는 것. 이것이 생활 안에 철학을 들여놓는 방식입니다.

시간과 공간을 연결하는 인문학의 힘

철학이라고 해서 꼭 사람과 사람 사이에만 영향을 미치는 것은 아닙니다. 사람과 자연, 사람과 사물 사이도 얼마든지 철학적 사고로 통할 수 있습니다. 동유럽으로 여행을 간 적이 있는데 어느 한 상점에서 탄피나 총알로 만든 기념품을 보게 되었습니다. 총기 사용이 불법인 우리나라에서 쉽게 볼 수 없는 물건이라 유심히 살폈는데 '총알은 사람을 죽이는 무기'라는 생각 외에는 별다른 상념이 들지 않았습니다. 여기서 생각을 멈추는 것은 '비非철학적인 사고'입니다.

돌아오는 비행기에서 총알 기념품을 만지작거리며 숙고하니 사람을 죽이는 것은 총알이지만 거기서 더 나아가 그것이 가진 속도라는 사실을 새삼 깨닫게 되었습니다. 이것이 철학적인 사고입니다. 이러한 철학적 사고는 사물과 사물 사이도 규정하며 나아가 고객의 욕구를 꿰뚫어 보는 안목을 길러줍니다.

고객이 원하는 건 블러셔나 아이섀도가 아니라 발색력이며, 핸드크림과 수분크림을 통해서는 촉촉하고 윤기 나는 피부를 얻고 싶어 합니다. 발색력과 건조증 제거에 초점을 맞춰 연구를 진행하는 것. 이 역시 철학적 사고의 한 예입니다.

끝으로 문학 차례입니다. 문학은 시간과 공간을 연결하는 학문입니다. 당대의 현실을 인물들의 대화를 통해 엿볼 수 있다는 측면에서 문학은 역사서의 역할도 합니다. 위화余華의 《허삼관 매혈기》를 통해 중국의 문화대혁명을, 존 스타인벡John Ernst Steinbeck의 《분노의 포도》를 통해 1920년대 미국의 대공황을 엿볼 수 있습니다. 다만 묘사와 허구성이 들어가니만큼 문학은 '상상으로 지은 역사'이기도 합니다.

소설가 조정래나 박경리가 쓴 소설을 보면 수십 년 전 이야기를 현실로 데려오는 상상력이 놀랍습니다. 과거의 시공간과 현재의 시공간이 연결되는 기분을 느끼게 하는 것이야말로 문학의 정수가 아닌가 싶습니다.

한 개인과 단체의 유구한 역사도 문학이 될 수 있습니다. 시간과 공간이 씨줄과 날줄처럼 엮이고, 그 안에 다양한 희로애락이 담겨 있으면 그것이 곧 문학입니다. 이처럼 이미 우리는 의식도 못 하는 사이에 인문학을 생활 곳곳으로 들여놓고 있습니다.

인문학이 위기라는 말이 심심찮게 들립니다. 이는 학문의 위기가 아니라 시간과 공간을 연결하는 작업이 단절되는 의미로 보는 것이 타당합니다. 역사를 기억하지 못하면 잘못된 역사는 반복될 것이며, 철학적 사고를 하지 못하면 어쩌다 얻은 아이디어를 재현하지 못해 두 번 다시 그 아이디어를 써먹지 못하게 될 것입니다. 단절은 우리에게 많은 것을 대가로 치르게 만듭니다.

그러니 리더는 회사 곳곳에다 인문학을 심어두어야 합니다.

이것이 제가 생각하는 인문학의 실사구시화입니다. 경영 곳곳에 인문학을 심어둠으로써 오늘도 인문학을 생각하고, 내일도 인문학을 생각하고, 화장실에 가서도 인문학과 만나고, 계단을 오를 때도 만나는 항상성. 이것이야말로 인문학을 실용적으로 사용하는 가장 좋은 전략이 아닐까요?

세 가지
독서습관

대구 중앙동의 구 한국은행 건물 앞에 밤에만 헌책을 팔던 거리가 있었습니다. 그 거리에서 미군 부대에서 흘러나온 〈다이제스트〉라는 영문 잡지를 팔았습니다. 20원에 사서 밤낮으로 읽던 기억이 아직도 선명합니다. 첫 장부터 마지막 페이지까지 완독하는 데 무려 6개월 이상 걸렸으며, 그때 정리한 단어장만 대학노트로 여덟 권이나 되었습니다. 지금 생각해도 미련한 공부법입니다. 그래도 미련하게 공부한 덕분에 농협 입사시험과 대학원 입학시험에서 합격의 기쁨을 맛볼 수 있었습니다. 두고두고 제 살림 밑천이 되어준 셈이죠.

공부는 '생의 조건'일 때 가장 잘됩니다. 먹고사는 문제가 걸려야 전력을 다하게 되는 것이지 '안 해도 되고, 해두면 좋은' 조건에서는 머릿

속에 잘 들어오지 않습니다. 여기에 열등감까지 보태지면 공부에 대한 집착은 최고조에 다다릅니다.

처음 농협에 입사하고 나니 저는 명문대 출신의 동료들 사이에 낀 유일한 지방대생이었습니다. 제 의지와 상관없이 개천에서 난 용이라는 타이틀을 얻은 것도 이때부터였습니다. 칭찬과 질시, 인정과 무시의 양면성을 느끼면서 살아야 했기에 첫 사회생활이 가시방석이었습니다. 저는 가시를 느끼고 싶지 않아서라도 다른 집중할 거리가 필요했고, 그때 찾아낸 것이 독서습관이었습니다. 그런데 신기한 일이 벌어졌습니다. 한 권, 한 권 책을 읽는 과정에서 학벌 콤플렉스나 회사생활에서 겪은 불편한 감정들이 사라지기 시작한 겁니다.

이유를 두고 곰곰이 생각한 결과 몰입이 주는 즐거움이 첫 번째 이유요, 출퇴근 시간을 마냥 흘려보내지 않고 생산적으로 사용했다는 뿌듯함이 두 번째 이유였습니다. 우리는 무슨 일로든 시간을 소비하면서 삽니다. 동료를 원망하고 내 처지를 비관하는 일로 시간을 쓰나 책을 읽는 일에 시간을 쓰나 결국 그 시간은 어떤 용도로든 소비됩니다. 삶에 도움이 되는 방식으로 시간을 썼다는 사실 하나만으로도 자존감이 높아질 수 있습니다.

모든 책을
정독하지 않아도 됩니다

전집全集을 빌려 볼 때 익힌 독서습관이 지금까지 이어지고 있습니다.

첫 번째가 속독과 정독을 구분해서 읽는 습관입니다. 모든 책을 처음부터 끝까지 정독해야 할 필요는 없습니다. 오히려 이런 고정관념이 책과 거리를 좁히지 못하게 만듭니다. 정독해야 할 책과 속독해야 할 책을 구분해 놓으면 깊이 읽지 못했다는 죄책감에 사로잡히지 않아도 되고 책에 대한 진입장벽을 낮출 수 있습니다.

20대 후반에는 한참 전집류에 빠져 지냈습니다. 직장생활을 하던 때였으므로 주로 출퇴근 시간을 활용하여 책을 읽었는데 일주일에 두 권 이상은 꼭 읽었습니다. 그렇게 한 달이면 전집 한 질을 읽을 수 있었습니다.

이것은 고등학교 때부터 습관 들인 속독 때문에 가능했습니다. 동네에 있던 대본집에서 책을 빌린 뒤 납기일을 어기면 추가 비용을 지불해야 했습니다. 납기일을 지키고자 어떻게든 책을 빨리 읽었던 것이 습관으로 남은 것입니다.

두 번째로 익힌 습관은 새벽 독서입니다. 새벽 5시에 눈을 뜨자마자 씻은 후 가장 먼저 하는 일이 독서입니다. 50분 정도 독서를 하면 자연스럽게 그날의 컨디션이 가늠됩니다. 집중이 잘되면 그날은 일도 잘되고 누구와 만나도 수월하게 대화가 풀리지만, 집중이 잘되지 않는 날에는 일할 때도 어려움을 겪습니다.

'왜 집중이 안 될까'라며 스스로 이유를 추적해 보면 그 전날 과음을 했거나 늦게 잠을 청한 경우가 많았습니다. 아침에 책을 읽는 습관을 들이면 저절로 자기 관리가 되는 셈입니다.

또, 새벽 독서는 하루를 긴장감 있게 시작하도록 만듭니다. 하루의 출발점이 되어 오전과 오후 시간을 정비하도록 돕고 앞서 말한 대로 저녁에는 절제하는 마음을 갖도록 만듭니다. 대부분 다음 날 아침에 중요한 회의나 일정이 잡혀 있으면 그날 저녁에는 술자리를 갖지 않을뿐더러 설사 갖게 되더라도 절제를 한 경험이 있을 겁니다. 이 역할을 독서가 하는 것입니다.

고대 그리스어로 절제라는 단어는 자기 파악, 자기 조절이라는 뜻을 가진다고 합니다. 영어로는 셀프 컨트롤이죠. 자신을 조정하고 다스리는 것을 말합니다. 독서가 이 역할을 해준다는 것이 놀랍지 않습니까?

독서를 일상 안으로 들여놓기

세 번째로 들인 독서습관은 '123법칙'입니다.

1. 하루에 한 번 이상 책을 읽고
2. 일주일에 두 권 이상 읽으며
3. 한 번에 세 종류의 책을 읽는다

이것이 제가 정한 독서의 123법칙입니다. 하루와 일주일 단위로 독서를 습관화하면 아무리 바빠도 독서를 일상 안으로 들여놓을 수 있습니다. 그리고 분야와 성격이 다른 책들을 교차하여 읽는 것도 독서의 효율을 높이는 방법 중 하나입니다. 읽을 책들을 고를 때 가볍게 읽을 수 있는 시나 짧은 소설류, 중간 정도의 무게를 가진 문학 및 교양서, 정독이 필요한 고전 및 전문서, 이렇게 보통 세 종류로 나누어 고릅니다. 수준별로 책을 골라놓으면 시간과 장소, 상황에 따라 알맞은 독서를 할 수 있습니다.

머리가 묵직하고 피곤한데 《주역周易》이나 《정관정요貞觀政要》를 읽어야 한다면 역사를 좋아하지 않는 이상 이만한 곤욕이 없습니다. 이런 때는 가벼운 문학 작품을 읽는 편이 머리를 식힐 수 있도록 도움을 줍니다.

비행기 내에서는 향하는 목적지와 관련된 서적을 읽거나, 취미생활과 관련한 책을 읽습니다. 반면 꽤 집중해서 읽어야 내용이 들어오는 묵직한 존재감의 책들은 머리가 가장 맑은 아침에 읽습니다. 이런 식으로 제 나름의 독서 스케줄을 유연하게 짭니다.

행복한 삶이란 무엇일까요? 저는 행복은 순수하게 몰입하는 시간의 합습과 정비례한다고 생각합니다. 어떠한 대가를 바라지 않고 순수한 열정으로 자신도 모르게 무아無我의 세계에 빠져드는 시간. 이러한 시간이 많을수록 삶이 행복해집니다. 건전한 방향으로 무언가에 몰두할 수 있는 가장 빠른 길은 독서입니다. 저는 책을 읽을 때 가장 순수한 행복을 느낍니다. 하루 가운데 오로지 나만을 위한 행위이니 마음껏 만끽합니다. 시간과 장소의 구별 없이 책을 곁에 두며 틈틈이 꺼내는 것은 그 때문입니다.

사심 없는
공부에
대하여

생의 조건일 때 공부가 잘되지만 꿈을 가진 공부일 때도 집중이 잘됩니다. 꿈을 가진 사람은 '이 공부가 꿈에 도움이 될까', '이 공부가 꿈을 이루는 기간을 단축시켜 줄까, 아니면 더 걸리게 할까'처럼 꿈을 기준으로 의사결정을 내립니다. 아예 꿈을 못처럼 사용하는 습관이 몸에 배어 있는 겁니다.

한창 기업가라는 꿈을 품고 있을 때 신문이나 책을 볼 때면 '내가 리더가 된다면 이들처럼 의사결정을 내릴 수 있을까'를 끊임없이 생각하며 대입해 봤습니다. 제가 처한 현실과 100% 맞아떨어지는 사례가 아니어도 상관없었습니다. 선조나 리더들이 의사결정을 내리는 과정에서 기준으로 삼은 것과 그렇지 않은 것에는 공통점이 있었고 그것을 접한 것만으로도 도움이 됐기 때문입니다.

'선 예측 투자'라는 제 경영전략은 세종과 정조의 치세에서 얻은 힌트입니다. 현실이 평화로울 때 미래에 투자하는 것. 봄이 가면 여름이 오듯 당연한 이야기 같지만 현실로 닥치면 쉽지 않은 문제이기도 합니다. 투자라는 것 자체가 결과가 좋을 수도 있고, 안 좋을 수도 있는 반반의 정서를 지닙니다.

투자의 본성이 불안인 건 어쩔 수 없으니 이건 놔두고 대신 현실을 단단하게 해두는 쪽으로 리스크를 관리하자는 전략을 택했습니다. 그래서 영업이익이 안정권에 접어들 무렵 중국에 공장을 짓기 시작했고, 화장품 기업에서 제약이나 건강기능식품으로 사업을 확장해 나갔습니다.

꿈을 명확하게 잡아둔 채 책을 읽거나 경험을 하게 되면 하나라도 꿈에 도움이 되는 것을 얻고자 눈에 불을 켜게 됩니다. 의지를 붙드는 힘이 꿈 안에 들어 있는 겁니다. 특히 꿈으로 향하는 공부여야 소유가 아닌 경험으로 가져갈 수 있습니다.

소유에서
경험으로

공부를 어떻게 받아들이느냐에 따라 결과는 천차만별로 달라집니다. 공부를 소유로 여기는 사람이 있는가 하면, 공부를 경험으로 여기는 사람이 있습니다. 좋은 성적을 받아야 좋은 대학에 갈 수 있다고 생각하는 것이 공부를 소유로 둔 대표적인 경우입니다. 공부를 점수나 등수라는 밀실에 가두는 일은 대학 졸업과 동시에 졸업해야 합니다.

공부를 소유하는 방식은 단발성으로 끝나며 기본적으로 폐쇄적입니다. 성적이 올랐어도 어떤 공부법으로 점수를 올렸는지에 대해서는 지인들에게 말할 수 없습니다. 소유로 간주하면 필연적으로 경쟁심도 따라붙어 공부하는 기쁨을 경험할 수 없습니다.

성인이 돼서 하는 공부라면 소유가 아니라 경험으로 가져가길 바랍니다. 공부를 경험한다는 발상 자체가 낯설지 모르겠습니다. 가구 공부가 됐든, 문화재 공부가 됐든 꿈을 위한 공부라면 자연스럽게 공부를 경험해야 할 대상으로 여기게 됩니다. 공부를 소유로 둘 때 느끼지 못한 즐거움을 느끼게 될 겁니다. 경험은 소유와 달리 공개적이며 지속성을 담보합니다.

저는 한창 나무 공부에 빠져 있는데, 책에서 본 것을 현장에서 봤을 때 자연의 위대함에 저절로 흥이 납니다. 가족들에게 나무에게서 배운 것을 전하면 다들 신기해하며 좋아합니다.

즉, 정리해 보면 공부를 소유한다는 건 결과를 소유함으로써 삶의 위치를 재조정한다는 뜻이고, 공부를 경험한다는 건 과정을 즐김으로써 삶의 질을 높여 나간다는 뜻이 됩니다.

자기 관리의 방향 또한 소유에서 경험으로 옮기는 것이 사회와 맞는 공부법이라고 생각합니다. 단, 공부를 소유에서 경험으로 전환하는 과정에서 남에게 보이는 공부로 변질되는 일은 경계해야 합니다.

주자의 공부법을 적어놓은 《주자어류朱子語類》를 보면 학문을 대하는 올바른 태도와 마음가짐이 나옵니다. 그중 '내보이려는 공부는 하지 말라'는 조항이 있습니다. 주자가 왜 이런 말을 했을까요? 시험 점수나 대학 브랜드만이 아니라, '공부를 하고 있다'는 자체도 남과 구별하는 도구로 사용된다는 것을 알았기 때문입니다. '~하고 있다' 이것 자체가 나와 다른 사람을 구별하는 무기가 되는 겁니다.

현재 꿈을 위한 공부를 계획하고 있거나 이미 실행하고 있는 사람이 있다면 그것으로도 충분합니다. 굳이 타인의 인정이나 SNS상의 '좋아요'를 기대할 필요가 없습니다. 이제 막 어떤 공부에 입문했는데 남에게 잘 보이기 위해 채 무르익지 않은 것들을 줄줄이 전시하는 식이 된다면 그땐 보여주는 것 자체가 공부의 목적이 되어버립니다. 내 공부를 해야 하는데, 남을 위한 공부가 되는 셈이지요.

내보이는 공부는
끝까지 못 갑니다

공부를 자랑거리로 삼으면 지인의 '간격 시기심'을 부추기게 됩니다. 영국의 철학자 프랜시스 베이컨Francis Bacon은 "타인이 올라오는 동안 정지해 있는 사람은 시기심이 생기는 것을 막을 수 없다."라며 간격 시기심에 대해 전하였습니다.

원래 간격 시기심은 본인이 토끼고, 상대가 거북이라고 여길 때 생겨나는 감정입니다. 거북이가 노력하여 토끼와 간격을 좁혀 올 때 토끼는 위협을 느낍니다. 추격을 당할 것 같은 불안감이 간격 시기심입니다.

반대인 경우도 얼마든지 일어날 수 있습니다. SNS상이나 오프라인 모임에서 평소 거북이라고 생각한 친구가 새로운 공부에 재미를 붙였다는 소식을 접하고 어쩐지 싱숭생숭했던 경험이 있을 겁니다. 여기까지는 상관없습니다. 그러나 갑자기 공부에 대한 욕구가 치솟아 무리하게 뛰어드는 일은 경계해야 합니다. 남을 이기기 위해 시작한 공부는 이미 실패한 공부가 될 공산이 큽니다.

거북이라고 여긴 친구가 10m 간격을 좁혀 오는 공부를 택하면 본인은 더 격차를 벌리기 위해 100m 간격을 늘리는 공부를 택하게 됩니다. 사람 심리가 후발주자일수록 선발대보다 더 잘해야 한다는 압박감을 느끼게 마련입니다. 과연 방향도 정하지 않은 채 뛰어든 공부가 잘될까요? 공부는 하는 것보다 사전 준비가 더욱 중요합니다. 사전 준비를 얼마나 잘 다져놓았느냐에 따라서 지속성 여부가 판가름 나기 때문입니다. 주자는 일찌감치 이걸 간파하고 내보이는 공부를 하지 말라고 당부한 겁니다.

특히 남에게 보이는 공부, 시기심이 시킨 공부는 제대로 끝맺음을 짓지 못하기 일쑤입니다. 그래서 이런 공부는 시작도 하기 전에 지는 공부라고 말씀드린 겁니다.

과정을 즐기면
보상은 커집니다

공부를 소유에서 경험으로 전환하면 몰입도가 높아져 완성도 있는 공부를 해나갈 수 있습니다.

소설 《뿌리》를 쓴 알렉스 헤일리Alex Haley는 책을 쓰기 위해서 10년 넘게 흑인 역사에 대한 자료를 조사했고, 책을 출간하기 위해 8년 동안 100여 통의 편지를 출판사에 보냈습니다. 그는 출판사로부터 내내 거절만 당하다 55세 때 비로소 자신의 작품을 세상에 내보일 수 있었습니다. 그리고 책이 출간되고 나서 1년 뒤인 1977년, 그는 퓰리처상을 수상하는 영광까지 누렸습니다. 알렉스 헤일리는 작품 한 권을 위해 20년 가까운 세월을 바친 셈입니다. 젊었을 때부터 작가가 꿈이었기에 길고 모진 세월을 견딜 수 있었습니다. 여기에는 어디에도 '남'이 공부에 관여한 흔적이 없습니다. 오로지 그의 꿈만 있습니다.

알렉스 헤일리처럼 꿈을 위한 공부를 하는 사람이 지닌 공통된 특징이 있습니다. 공부를 소유로 보는 사람은 공부를 할 때도 급합니다. 빨리 결과가 나와서 인정받는 무대에 올리는 일이 중요하기 때문입니다. 그래서 호흡이 긴 공부보다 짧은 공부를 선호합니다.

반면 꿈을 위한 공부를 하는 사람은 기본적으로 공부를 경험으로 가져갑니다. 그냥 하나하나 알아가는 것 자체가 목적이고 즐거움이라 호흡이 긴 공부와도 잘 맞습니다. 이 지점에서 둘이 갖게 될 보상의 크기가 달라집니다. 한쪽은 단기적인 공부에 매몰되어 따라오는 보상도 그 수준에서 머물지만, 알렉스 헤일리처럼 공부 자체를 즐기는 사람은 세기를 넘나드는 결과를 만들기도 합니다. 꿈이 있는 공부가 그래서 무섭습니다. 과정이 즐거우니 지속적으로 몰입하도록 할 뿐만 아니라 중앙 무대에 세워두지 않음으로써 가치도 훼손되지 않는, 결과적으로 다 갖는 공부법이라 할 수 있습니다.

반복해서
책 읽기

어머니 21

이기는 것도 지는 것도 모두 참으시던 어머니

괴로운 일도 혼자서 풀고 혼자서 묶으며

수수백년의 설움으로 당신의 육신은 헐리어지고

평생에 구차하고 비굴한 일 없으시지 않으련만

꽃 뒤에 숨어서 빈 기쁨으로 작은 웃음 짓던 어머니

언젠가 여행길에 가져간 김초혜 시인의 《어머니》에 실린 연작시입
니다. 이 시집은 어머니라는 하나의 주제를 가지고 연달아 쓰인 시로 이
뤄져 있습니다.

서점에서 시집을 넘겨보다 "꽃 뒤에 숨어서 빈 기쁨으로 작은 웃음 짓던 어머니" 이 구절에 눈길이 가서 책을 구매했습니다. 평소 책을 선택할 때는 신문에 실린 서평을 참고하기도 하지만, 직접 서점에서 이리저리 책을 둘러보다 마음에 와닿는 내용이 있으면 구매하곤 합니다. '나에게 맞는 책'을 택하는 데도 기회비용이 들어갑니다. 처음부터 잘 맞는 책을 고르기가 쉽지 않은 만큼 독서를 취미로 삼고자 한다면 한 달에 네 번 정도는 서점 나들이를 해보길 권합니다.

다시 시 이야기로 돌아가서, 이번에는 김초혜 시인의 또 다른 연작시입니다.

어머니 47

세상의 일 욕심대로 되지 않으니

욕심을 줄이라는 말씀

애써 하려 해도 안 되는 것 있고

저절로 두어도 되는 일은 된다고

모든 허물은 제가 지어

제가 입는 것이니

그것에 매이지 말고

스스로 억제하는 힘 기르라는

당신의 뜻 따르기 어려워라

나이가 든다는 것은 본인이 살아온 인생을 통틀어서 무엇이 중요하고, 무엇이 헛된 것인지에 대해 이전 세대보다 잘 안다는 뜻입니다. 30년을 살았으면 30년 인생에서 그것을 간추릴 것이고, 60년을 살았으면 60년 인생에서 그것을 간추릴 것입니다. 30년 안에서 추린 것과 60년 안에서 추린 것 중 어느 쪽이 더 많은 지혜를 담고 있을까요? 당연히 후자입니다.

내 어머니를 생각할 때, 인생을 더 산 선배로서 바라볼 필요가 있습니다. 〈어머니 47〉이라는 시는 그것을 잘 보여줍니다. 분모를 줄이면, 분자가 작더라도 행복해질 수 있지만 우리는 분모는 줄일 생각은 하지 않고 분자만 키웁니다. 이러한 인생은 제3자의 눈에 불안해 보일 수밖에 없습니다. 이 시는 그것을 하나하나 짚어주고 있습니다.

시는 당대의 언어를 대표하는 사전과도 같습니다. 다른 장르와 다르게 펼친 면부터 읽어도 되므로 여행 갈 때 한 권씩 챙겨가는 편입니다.

같은 책을
또 읽는다는 것

주자는 《주자어류》를 통해 공부의 반복에 대해 짚어주고 있습니다.

> 어제는 틀렸고 지금은 옳다고 여겨라 (39조목)
>
> 익숙해질 때까지 읽어라 (109조목)
>
> 거칠게 살펴서 쉽게 사용하지 마라 (116조목)

셋 다 여러 번 읽으라는 주문입니다. 단순히 반복해서 읽는 것이 아니라, 책에 담겨 있는 내용을 꼼꼼히 살피고 예전에 읽었던 다른 내용과도 연결하여 읽는 것입니다. 그렇게 하면 책을 읽는 맛이 더욱 풍부해집니다. 진득하게 앉아서 책을 붙들고 늘어져본 적이 없는 사람은 쉽지 않은 일일 수 있습니다. 책의 앞머리만 조금 읽고 금세 책을 놔버리거나 끝까지 보더라도 대충 눈으로만 훑어보는 사람도 이 묘미를 잘 모를 수 있습니다. 그런데 책에 담긴 내용을 온전히 내 것으로 만들려면 한 번 읽어서는 안 됩니다. 한 번 더 읽고, 그것도 모자라면 여러 번 거듭해서 읽어야 합니다.

주자의 전언에는 쉽게 공부하려는 요즘 사람들에게 공부를 두텁게 하라는 가르침이 담겨 있습니다. 이러한 주자의 가르침에 딱 맞는 사람이 바로 조선 후기 문인이었던 백곡 김득신 선생입니다.

백곡 김득신은 사대부 집안에서 태어났으나 아둔함이 이를 데 없어 집안의 걱정거리였습니다. 책을 읽고 나서 돌아서면 까먹기를 여러 차례. 오죽하면 집에서도 그에게는 입신을 기대하지 않았다고 합니다. 하지만 독서광이던 김득신의 열정만큼은 아무도 말리지 못한 모양입니다. 머리가 좋지 않은 탓에 그는 책 한 권을 보면 1억 번씩 봤다고 합니다. 그래서 김득신의 서재 이름이 억만재億萬齋입니다.

김득신만큼은 아니지만 저 역시 책을 반복해서 읽는 것을 좋아합니다. 애초부터 두고두고 읽을 것을 염두에 두고 책을 삽니다.

박경리의 《토지》, 조정래의 《아리랑》, 《태백산맥》, 《한강》, 최명희의 《혼불》, 이병주의 《지리산》, 김주영의 《객주》는 늘 손이 잘 닿는 곳에 있습니다. 지금까지 김주영의 《객주》는 여섯 번, 최명희의 《혼불》은 일곱 번 정도 읽었습니다. 읽을 때마다 맛이 달라서 어서 마저 읽고 또 읽고 싶습니다.

《혼불》은
소설이 아니고 역사입니다

《혼불》에 나오는 시대적 배경은 1930년대 일제강점기 시절입니다. 당시 백성들은 일제 치하에 있었으나 조선인으로서의 정체성까지 완전히 버리지는 못한 상태였습니다. 일본의 속국으로 전락하면서 사농공상士農工商으로 나뉘던 계급도 무너지다 보니 양반 집안의 사람들에게는 큰 변란이 아닐 수 없었습니다. 양반 가운데서도 가난한 문중의 자제는 농사를 손수 지어야 했습니다. 조선시대 같았으면 상상도 할 수 없는 일입니다. 농사꾼이 되었다가 갓을 쓰는 선비로 변신하는 장면에서 두 시대에 낀 양반의 이중생활을 엿볼 수 있습니다. 노비 또한 뿌리가 없기는 마찬가지입니다. 노비 제도가 없어졌다지만 주인집 근처에 살면서 여전히 주인의 살림을 돌봅니다. 이것이 《혼불》이 지닌 문학적 가치입니다. 소설 《혼불》은 시대가 먼저 가고 사람들이 뒤따르는 격동기에서 필연적으로 생길 수밖에 없는 문화적 시차를 풀어서 보여줍니다.

이처럼 주인공들의 갈등 구조와 변화된 시대에 집중해서 두 번 정도 읽었다면, 세 번째부터 《혼불》은 제게 역사서였습니다. 승병이 나서서 전쟁에 참여함으로써 불교 억제 정책이 수그러든 점, 고구려가 멸망한 후 세 갈래로 민족이 나뉜 점, 정조의 노비 추쇄법 등 역사책에서 봄 직한 내용들이 소설의 안방 자리를 떡하니 차지하고 있습니다.

《혼불》을 읽는다는 건 곧 역사를 읽는 것과 마찬가지입니다.

《혼불》을 일곱 번째 읽은 지금은 주인공들의 심경 변화에 주목하고 있습니다. 노비로 태어나 현재도 천하게 살고 있지만 그래도 꿈이라도 꿔볼 수 있는 가능성, 사대부의 지위를 누리고 싶지만 시대가 달라져 혼란스러운 양반의 갈등 등 지금 우리가 겪는 갈등과 다르지 않습니다. 그래서 제게 《혼불》은 심리서입니다. 반복해서 책을 읽으면 이전에는 보이지 않던 내용이 보일 뿐만 아니라 같은 구절이라도 관점을 다르게 취함으로써 새로운 맛을 경험할 수 있습니다.

이렇듯 같은 책을 여러 번 읽으면 지구 반대편에 있는 사람들의 경험과 지혜까지 맛보는 낯선 즐거움을 경험할 수 있습니다.

책을 처음 읽을 때는 주제와 장면 몇 가지만 기억에 남습니다. 이걸 가지고 두 번째 읽기로 들어가면 책의 주제를 아는 만큼 처음 읽을 때보다 더 많은 것들을 찾아내게 됩니다. 이를 바탕으로 세 번째 읽기로 들어가면 큰 이야기 줄거리에 밀려나 이전까지 눈에 잘 들어오지 않던 주변 이야기까지 눈에 들어옵니다.

이렇게 하면 같은 책이라도 매번 새롭게 느껴지는 신기한 체험을 하게 됩니다.

김득신 선생도 사마천의 《사기史記》에 나오는 〈백이전伯夷傳〉을 1억 1만 번 이상 읽었다고 합니다. 같은 책이라고 생각했다면 할 수 없는 일일 것입니다.

비슷한 시대를 배경으로 쓴 소설들을 읽다 보면 교집합을 이루는 단서, 장소, 상징, 인물이 등장하기 마련입니다. 제게는 지리산이 그렇습니다. 박경리의 《토지》에서 바라본 지리산, 이병주의 《지리산》에서 바라본 지리산, 조정래의 《태백산맥》에서 바라본 지리산이 전부 다릅니다. 《토지》에서는 지식인이 바라보는 산이 되었다가 《태백산맥》으로 넘어오면 빨치산의 산으로 변합니다. 언젠가 기회가 된다면 소설에 등장하는 장소를 답사 코스로 짜서 다녀올 계획입니다. 그러고 보면 저는 행운아입니다. 큰돈을 들이지 않고도 이렇게 재미있게 살 수 있으니 얼마나 감사한 일인지 모릅니다.

우보천리 동행만리

책이
삶으로
들어오는
방식

저는 죽을 때까지 독서가로 남고 싶습니다. 책이 주는 기쁨이 크기도 하지만 독서가 인생의 질을 얼마나 높이는지 잘 알기 때문입니다. 독서의 효과를 꼽자면 네 가지 정도입니다.

그중 첫 번째가 몰입 효과입니다. 스트레스는 마치 지붕에 쌓여 있는 눈과도 같습니다. 계속 쌓이기만 하면 우리는 100세 시대가 아니라 50세 시대에서 살고 있을 것입니다. 몰입은 어느 한 가지에 집중하는 동안 잡념이나 불필요한 감정들을 밀어내는 행복의 최적 상태를 말합니다. 행복한 사람은 시계를 보지 않는다는 말이 있지요. 시간의 흐름도 망각한 채 하나만 바라보는 상태, 자신과 환경의 경계조차 사라지게 만드는 무아지경의 상태가 몰입입니다.

두더지 게임을 하거나 실내 야구장에서 배트를 휘두르는 것도 스트레스가 풀리는데, 이 또한 몰입 효과 때문입니다. 어느 구멍에서 튀어나올지 모르는 두더지에 몰입할 때, 날아오는 야구공에 몰입할 때 우리는 옆에서 누가 뭐라고 해도 잘 들리지 않습니다.

그 순간만큼은 두더지나 야구공에 온 에너지를 끌어다 쓰기 때문입니다.

독서도 그렇습니다. 방금 읽은 줄을 다음 줄로 데려가 의미를 조합할 때 저는 주변이 정전되는 듯한 느낌을 받습니다. 그리고 책 안에만 전기가 들어오는 것만 같습니다. 이런 몰입의 시간이 많아지면 많아질수록 행복의 양과 질이 높아집니다.

책을 읽으면
관계도 편해집니다

독서의 두 번째 효과는 어휘의 힘에서 나옵니다. 두 줄로 설명하던 것을 어휘 하나로도 가능할 때 저는 왠지 모를 희열을 느낍니다. 또 어휘를 적절히 구사하여 문장의 군살이 빠지는 것을 목격할 때도 그렇습니다. 비단 어휘는 문장 안에서만 힘을 발휘하지 않습니다. 인간관계에도 선한 영향력을 행사합니다.

철학자 니체는 생각한 내용을 언어화하는 사람만이 의견을 가질 수 있다고 했습니다. 언어화를 하지 않고 생각만 하는 사람은 의견을 가져서도, 피력해서도 안 된다는 뜻입니다.

책을 읽으면 언어화가 저절로 이루어지는데, 이는 누군가와 대화할 때 고스란히 드러납니다. 우리가 교양 있게 말하는 사람을 보면 미소가 번지고 친해지고 싶다는 생각이 드는 것은 그 사람이 의도하지 않아도 자연스레 상대를 편안하게 해주기 때문입니다.

언어화가 몸에 배어 있는 사람은 자신이 사용하는 어휘나 문장에 불필요한 감정을 싣지 않습니다. 언어화라는 것 자체가 자신을 성찰하게 만들고 정제하는 과정이기 때문입니다.

반대로, 자신도 모르게 순간의 감정을 참지 못하고 터뜨리는 사람, 그래놓고 금세 반성하는 사람이 있습니다. 실컷 분노를 쏟아붓고서는 화해를 요청하는 사람도 있지요. '반성이라도 하니 그게 어디냐'라고 할지 모르나 그러한 행동이 반복되면 분명 문제가 있습니다. 어떠한 경우든 불같이 화를 내는 사람은 그만한 사안이 있었다기보다는 감정을 표현하고 조절하는 일에 미숙해서라고 보는 게 타당합니다.

'서운하다'고 말해도 될 일을 '배신감이 든다'고 하고, '약속 시간은 지켜줬으면 좋겠다'고 말해도 될 일을 '너 따위가 뭔데'라며 말하는 것이 대표적인 케이스입니다. '1데시벨'만큼 화가 났다면 그 수준에 맞는 감정만 표현하면 됩니다. 그럼 상대도 배려하지 못해서 미안하다며 진심으로 사과를 하겠지만, 만약 자신이 저지른 잘못보다 더 큰 분노가 돌아온다면 사과하고 싶은 마음이 사라질 겁니다.

감정의 층위에 맞는 언어만 잘 구사해도 관계가 편안해집니다. 이 층위를 무시하고 감정부터 던지고 보자는 식이면 더 이상 좋은 사람들이 곁에 오지 않습니다. 설사 오더라도 오래 머물지 않거나 겉만 친한 관계가 되기 쉽습니다. 건강한 인간관계를 위해서라도 감정을 표현하는 '언어화 훈련'을 지속하는 것이 좋습니다. 독서가 그것을 도와줄 겁니다.

책이 주는 좋은 습관들
'순서대로'

독서의 세 번째 효과는 사고력이 깊어지는 맛에 있습니다. 사과를 한 입 베어 물 때와 또 한 번 베어 물 때 느껴지는 당도가 다른데, 책도 그렇습니다. 저는 어떠한 지식을 간추려 엮은 책보다 큰 흐름으로 쓰인 장서를 선호합니다.

사고가 깊어지면 지식과 지식을 연결하는 힘이 생겨 통찰력이 생겨납니다. '정보화 사회'라는 말을 만든 일본의 문화인류학자 우메사오 다다오梅棹忠夫는 읽기만 하면 '지적 소비'지만 기록으로 남기면 '지적 생산'이라고 했습니다.

저는 여기에 '지적 연결'을 덧붙이고 싶습니다. '연결'에서 창의성과 통찰력이 나오기 때문입니다.

통찰력은 한일, 남북, 한중이 겪는 외교 문제를 정리할 때도 도움이 됩니다. 남북통일 문제를 한번 생각해 볼까요.

'남한은 민주주의 체제의 잘사는 나라이고 북한은 공산주의 체제의 못사는 나라이다. 통일을 하면 남한이 많은 짐을 짊어져야 한다.'

이러한 생각에는 통합하고 연결하는 사고가 빠져 있습니다. 모래알처럼 각개전투만 할 뿐입니다. 그러나 민주주의, 공산주의를 아우르는 인본주의 관점으로 바라보면 조금 달라집니다. 사람을 최고의 선으로 삼는 게 인본주의입니다. 남한 사람, 북한 사람을 최우선으로 두고 통일 문제를 바라보면, 통일이 되고 나서 겪게 될 사회 문제도 예측할 수 있고, 대비책도 마련할 수 있습니다. 인본주의 시선으로 바라보기만 해도 남한과 북한이 아무 거리낌 없이 '사람'이라는 단일한 이름으로 연결됩니다.

따라서 인문학 공부만 한 통일 대비책도 없다고 생각합니다.

독서의 네 번째 효과는 놓치기 쉬운 습관을 붙잡는 데에 있습니다. 손안에서 모든 정보를 받는 디지털 시대다 보니 아날로그가 제공한 좋은 습관들이 은근슬쩍 사라지고 있습니다. 그중에서도 으뜸이 '순서대로'입니다. 책을 읽는다는 것은 순서대로 지식을 처리하는 과정입니다.

지금 우리 사회를 보면 우선순위에 중독된 것처럼 여겨질 때가 많습니다. 중요한 일부터 처리하는 습관이 경쟁력인 것은 맞으나 그렇다고 순서대로 하는 습관이 쓸모없어진 것은 아닙니다.

선천적으로 우선순위는 '보류해도 되는 일'을 낳습니다. 우선순위에서 밀려난 일들에서 혁신적인 아이디어가 나올 수 있는데도 말입니다. 무용지물에서 무용지용이 나오는 세상이니만큼 효율성, 가시성, 성과성에 밀려난 생각과 아이디어도 꼼꼼히 살피는 훈련을 해야 합니다. 그러려면 독서가 제공하는 좋은 습관인 '순서대로'를 챙겨야 합니다.

책은 차례차례 읽어야 묘미를 경험할 수 있습니다. 주인공이 왜 행복한 삶에서 무기력한 삶으로 변했는지, 전쟁이 선인을 어떻게 악인으로 바꿔놓았는지 등 이야기를 순서대로 읽어야 사건이나 인물의 흐름을 파악할 수 있습니다. '흐름을 읽는 눈'을 갖추면 현실에서도 어떤 사건을 대할 때 결과보다 흐름에 먼저 관심을 두게 됩니다. 사람을 대할 때도 그 사람이 내린 결정보다 왜 그러한 선택을 하게 됐는지 원인을 추적해 보면 더욱 종합적인 판단을 내릴 수 있습니다. 이는 곧 리더의 자질과도 연결됩니다. 이처럼 독서는 우리에게 다양한 방패와 창을 마련해 줍니다.

우보천리 동행만리

콜마 직원은
100%
독서클럽 회원

공부란 흐름을 이해하고 낚아채는 지적 활동입니다. 역사도 흐름이고, 문학도 흐름이고, 자연도 흐름입니다. 흐름은 자연 발생적이며 끊임없이 변화하며 새로운 곳으로 향하기를 멈추지 않는다는 성질을 지닙니다. 흐름을 붙잡기 위해서는 호기심이 필요한데 호기심은 삶에 대한 애착이자 적극성입니다. 누군가를 좋아하게 될 때도 그 사람에 대해 궁금한 것이 많아 때로 끼니도 잊고 밤잠을 설치곤 합니다. 식욕과 수면의 욕구를 앞서니 얼마나 대단한 에너지입니까?

옵티멀한 공부 vs
사골 공부

공부는 이러한 호기심으로 흐름을 들여다보고 그 안에서 의미를 재발견하는 놀이입니다. 공부에는 일정한 순간에만 써먹을 수 있는 '옵티멀한 공부'와 한번 배우면 평생 가는 '사골 공부'가 있습니다. 옵티멀한 공부는 소유라는 프레임으로 공부를 바라본 것이고, 사골 공부는 경험이라는 프레임으로 공부를 바라본 것입니다.

이렇게 정리를 해두면 이해가 편하실 겁니다. 청년들에게는 둘 다 중요한 공부입니다. 전자는 먹고사는 문제를 해결해 주니 중요하고 후자는 먹고사는 문제와 더불어 삶의 질을 높여주니 중요합니다.

옵티멀한 공부	사골 공부
스펙, 승진 시험, 직무 수업, 자격증 취득 등 성적과 결과를 위한 공부	인문 고전, 독서, 경험, 자연 공부처럼 과정과 의미 발견을 위한 공부
⇩	⇩
소유의 개념	경험의 개념

어느 것 하나 놓치면 안 되지만 굳이 경중을 따지면 후자를 권하고 싶습니다.

한국콜마는 연구개발에 큰 비용을 투자합니다. 특히 연구원들의 역

우보천리 동행만리

량을 높이기 위해서 인재 육성에 많은 공을 들입니다.

이를 보고 한국콜마에서 성장한 인재가 경쟁사로 이직하면 어떡하느냐는 우려의 목소리를 들을 때도 있습니다. 어디 저희 회사뿐이겠습니까. 특히 중견기업들은 일을 애써 가르쳐 놓으면 대기업에 가버리는 직원들이 적지 않습니다. 사람은 떠나도 그가 가진 기술까지 사라지면 안 되기 때문에 한국콜마는 제도를 통해 이를 보완하고 있습니다. 연구원들은 실험 결과 등을 철저히 문서로 남기도록 하는데, 그래야 다른 직원들을 교육할 때도 유용하고 회사에 기술이 축적됩니다.

그런데 사실 걱정할 필요는 없습니다. 자동차 부품 기술이 됐든, IT 기술이 됐든, 화장품 제조 기술이 됐든 영구 불멸한 지식이나 기술은 존재하지 않기 때문입니다. 자연의 섭리나 고전에 담긴 내용이 아니라면 우리가 익히는 대부분의 지식은 시간이 지나면 가치가 떨어집니다. 절대 진리가 아닌 상대 지식이기 때문입니다.

연구개발은 현시점에서만 유효한 옵티멀한 공부에 해당합니다. 이 공부는 지속적으로 해나가지 않으면 경쟁력이 떨어지므로 부지런히 연마해야 합니다. 하지만 언제까지 이것을 유지할 수 있을까요? 실무자일 때는 혁신적인 아이디어를 내고 기술을 개발해내는 역량이 중요하나, 중간 관리자로 올라서면 부하를 관리하고 협업 환경을 만들어내는 능력이 중요해집니다. 이건 인문이나 독서, 경험적 지식이 아니고서는 갖출 수 없는 역량입니다.

일정한 시점이 되면 옵티멀한 공부에서 사골 공부로 넘어가야 하기에 신입사원 때부터 습관을 들이자는 취지에서 한국콜마는 창업 초기부터 독서를 제도화하였습니다.

145,823 무슨 숫자일까요.

2023년 8월을 기준으로 저희 회사에 등록되어 있는 독후감상문 수입니다.

신입사원부터 최종결정권자까지 1년에 여섯 권 이상 책을 읽고 독후감을 제출하는 프로그램인 '콜마북스쿨(KBS)'을 인사총무팀에서 운영하고 있습니다. 독후감상문을 제출하지 않으면 인사고과에서 감점을 받기 때문에 승진 대상자라면 불이익을 받을 수 있습니다. '하면 좋고, 안 해도 되고'가 아니라 하지 않으면 안 된다는 인식을 심어줘야 자기 일로 생각하고 자발적으로 해나갑니다.

독서는 옵티멀한 공부와 사골 공부 모두에 도움이 됩니다. 우리나라 사람들은 시간과 돈을 들여 공부를 했으면 하루라도 빨리 써먹어야 한다고 생각합니다. 유년시절부터 해온 대부분의 공부가 성과를 창출하는 통로였고, 소유해야 하는 대상이었기에 큰 무리도 아닙니다. 하지만 옵티멀한 공부는 어느 시점이 되면 한계에 부딪힐 뿐만 아니라 다른 사람과 차별화를 이루는 데는 도움이 되지 못합니다. 남들도 다 하는 공부인데 어떻게 나만의 경쟁력이 생겨나겠습니까. 게다가 인문이나 독서처럼 바탕이 되는 공부에는 관심을 쏟지 못하게 합니다. 해봤자 결과가 나오지 않으니 재미가 없는 것이지요.

제가 아무리 "팀장이 되면 부하직원을 관리해야 되는데 독서가 도움이 된다"라고 한들 잔소리로밖에 들리지 않겠습니까. 이런 때는 독서 효과를 하루라도 빨리 경험하게 해주는 게 최선이지만 이 또한 시간이 걸립니다. 처음 독서 경영을 계획할 때 최소 5~10년을 내다보고 하자며 저 자신에게도 시간을 주었습니다.

독서가
좋은 질문을 만듭니다

무엇이든 반복이 주는 선물, 누적의 기쁨이 있는데 독서 경영도 그렇습니다. 책을 읽고 독후감을 쓰다보면 생각의 창이 날카로워져 슬슬 업무에도 도움이 되기 시작합니다. 월례조회를 하거나 직원들과 함께 산행을 나갈 때면 자연스레 서로 최근에 읽은 책에 대한 이야기를 꺼냅니다. 그리고 그것이 관리자로서, 또 실무자로서 어떤 도움이 되었는지에 대한 이야기들을 듣게 됩니다. 확실히 이전과 달라진 풍경입니다.

특히 연구개발센터에서 일하는 직원들의 변화가 두드러집니다. 이전에는 연구개발센터에 가서 직원들이 회의하는 내용을 들어보면 질문과 답을 혼동하는 경우가 많았습니다.

질문만 잘 던져도 쉽게 답을 찾을 수 있는 것들이 많습니다. 주입식 교육에 길들여진 사람들은 질문을 잘 만들지 못합니다. 예를 들어 팀장이 "어떻게 하면 보습력을 좋게 만들 수 있을까요?"라는 질문을 던지면 직원들은 대답하는 데 주저합니다. 왜 그럴까요? 질문 자체가 광범위한 데다 이미 질문 안에 답이 있기 때문입니다. 보습력은 대답이지, 질문이 아닙니다.

"환절기에 유용한 스킨케어 제품을 만들어야 하는데 어떤 것이 좋을까요?"가 좋은 질문입니다. 환절기라는 키워드만으로도 직원들은 보습력뿐 아니라 내놓을 대답이 많아집니다.

다른 예를 들면, "비타민C가 피부에 좋다는데 시즌 상품으로 출시할 방안이 없을까요?" 역시 좋은 질문이 아닙니다. 비타민C가 대답이기 때문입니다.

"비타민C가 물에 들어가면 속성이 변합니다. 이 속성을 보존하려면 어떻게 해야 할까요?"가 좋은 질문입니다. 이러한 질문을 가지고 연구할 때 혁신적인 제품이 만들어집니다. 한국콜마의 히트작들은 실제로 이러한 질문으로부터 비롯되었습니다. 캡슐을 씌워 비타민C의 속성을 유지시키는 기술도 저희가 국내 최초로 개발한 것입니다. 기본적으로 비타민이나 레티놀은 원료 자체가 매우 불안정합니다.

'불완전한 원료들을 어떻게 안정화할 것인가'라는 질문 하나,
이렇게 해서 만들어진 원료를
'피부 안으로 어떻게 넣을 수 있을까'라는 질문 하나

이 두 질문을 통해 나노캡슐레이션이라는 것을 개발해 특허를 냈고, 2012년에 장영실상을 수상하고 2013년에 세계 일류상품으로 선정되는 영광을 누렸습니다.

좋은 질문은 질문을 받는 사람의 생각을 열어줍니다. 생각을 열어줘

야 아이디어가 많이 나와 회의의 질도 높아집니다. 또한 질문과 답을 혼동하지 않는 것이 중요한데, 이것은 우선 기술이나 업무에 대해 깊이 이해해야 가능하고 거기다 인문학적 사고가 더해졌을 때 가능해집니다. 둘 중 하나라도 부족하면 본질을 건드리는 질문이 나오기 어렵습니다.

기존에 없던 소재를 찾아내거나 특허를 낼 만한 기술을 개발하게 되면 이를 상용화하는 등 다음 단계로 넘어가기 전에 보고를 받습니다. 그때 연구개발하게 된 과정에 대한 이야기를 들어보면 생각을 파고들어 남이 던지지 못한 질문을 던짐으로써 문제를 해결한 흔적을 확인할 때가 많습니다. 저는 이것이 독서 효과라고 굳게 믿습니다.

독서는 '뛰어난 아이디어나 제품'이라는 창으로 모습을 드러내는 것이 아닙니다. 대신 '깊이 있게', '남이 생각하지 못한 질문'이라는 간접적인 방식으로 모습을 드러내어 창을 날카롭게 만들어줍니다. 사포와 같은 역할을 하는 겁니다. 그러니 하루 30분이라도 시간을 내어 생각의 날을 서게 해주는 독서를 습관화하길 바랍니다. 이 30분이 3년만 쌓여도 내공이 꽤 단단해질 것입니다.

오래가려면
함께
공부하세요

인문학 공부나 독서가 평생 가지고 갈 수 있는 사골 공부라고 말씀드렸는데 저로서는 20년 넘게 푹 삶고 있는 독서 모임에 참석해 왔습니다. 한 달에 두 번, 2시간씩 호학하는 분들과 모여서 역사, 문학, 철학에 대한 책을 읽고 공부하는 모임으로 한 번도 맥이 끊어지지 않을 만큼 모두 배움에 대한 열정이 상당합니다.

서로 자극도 받아가면서 강의실에 한데 모여 수업을 들으면 어떤 때는 청춘으로 돌아간 느낌도 받았습니다. 대학에 가면 학위라는 목표에 따라 움직이지만 이 모임은 그런 목적 없이 정말 순수하게 호학하는 사람들이 모입니다. 소박하지만 얼마나 재밌는 줄 모릅니다.

최인호의 소설 《상도》를 보면 거상 임상옥이 계영배戒盈杯라는 잔을 가지고 있습니다. 이 잔은 술을 가득 채우면 새어나가도록 만들어져 겸손과 절제에 대해 일러줍니다. 배움 역시 차고 넘치면 오만해지기 쉬우니 무엇인가를 익히고 배울 때도 정도正道를 지향해야 합니다. 우리도 계영배의 정신을 잇고자 독서 모임 이름을 계영계戒盈契라고 하였습니다.

그 시절 특정 기관이나 단체가 운영하는 모임이 아닌 사모임이기 때문에 어떻게 하면 모임을 오랫동안 유지할 수 있느냐는 문의를 자주 받곤 했습니다. 소규모 사조직을 만들고 싶어도 구성원들이 바쁘다 보니 이런저런 사정으로 생각보다 유지가 힘들다는 것입니다. 어떤 모임이든 시작보다 유지가 관건입니다. 이 역시 사람들이 모여서 하는 일이니 운영을 조금만 잘못해도 모임 자체가 흔들리기 쉽습니다. 계영계 또한 시행착오를 겪고 수정할 건 수정하며 지금의 모습을 갖췄습니다.

인맥 모임이 되어서는
안 됩니다

일단 주객이 전도되는 일이 없도록 모임의 정체성을 만드는 것이 중요합니다. 겉으로 볼 땐 독서 모임인데 실상 인맥 쌓기가 되어버리면 오래 지속되지 못합니다. 인맥이라고 하는 것 자체가 지속성이 담보되지 않을뿐더러 사심으로 인연을 만들다 보면 서로 편안한 관계가 되기 힘듭니다. 설사 모임 안에 인맥으로 가져갈 만한 대상이 많더라도 인맥이 되지 못합니다.

중국의 법가 철학자인 한비자는 '교사불여졸성巧詐不如拙誠'이라고 했습니다. 직역하면 교묘하게 남의 눈을 속이는 것보다 옹졸한 성실이 낫다는 의미입니다. 옹졸한 성실이 사심을 가진 이보다 낫다는 가르침은 '관계의 질서'에 대해 다시 생각하게 만듭니다. 많은 분이 한비자가 말하는 법리나 원칙을 딱딱하고 정이 없다고 간주하는데 사실 그렇지 않습니다. 오히려 한비자가 말하는 법, 원칙, 질서는 '정을 유지하기 위한'이라는 단서가 붙습니다. 사람과 사람을 이어주는 통로가 정이며, 정을 유지하기 위해서는 최소한의 질서가 필요하다는 게 한비자의 철학입니다.

최소한의 질서, 이 질서를 만드는 것이 리더의 역할입니다.

가만히 보면 어떤 모임이든 사심이 앞선 분들은 중간에 결국 빠져나갑니다. 원하는 것을 얻지 못하니 공부가 재미없고 굳이 노력할 이유가 없어지는 것입니다. 그러니 모임의 정체성을 분명히 한 뒤 밀고 나가기만 하면 됩니다. 독서 모임에 대한 이야기인데 왜 사람 이야기만 하느냐고 묻는다면, 사람이 전부이기 때문입니다.

이러한 기본이 되지 않으면 모임의 목적은 달성되기 어렵습니다. 사심을 가리고자 미사여구를 사용하지 않는, 공부를 하고자 온 사람들로만 멤버를 꾸리는 것이 성공적으로 모임을 유지하는 핵심 비결입니다.

그렇다고 진입장벽을 높게 칠 이유는 없습니다. 직원들에게 들으니 젊은이들 사이에서도 독서클럽이 성행이라고 합니다. 그런데 막상 모임에 들고 싶어도 자격 요건이 까다롭다고 합니다.

저는 독서만큼은 차별 없이 모든 사람이 누려야 한다고 생각합니다.

진입장벽을 높게 쳐놓고 아무나 들어오지 못하도록 하는 건 이데올로기를 가지고 또 다른 이데올로기를 만드는 일이 됩니다. 사심이 없는 사람이라면 함께하는 것이 좋습니다. 다만, 독서 모임이라는 것 자체가 책을 읽고 공부하는 수고가 들어가는 것인 만큼 이런 노력을 생략하고자 하는 사람은 제외를 시키는 것이 맞습니다. 이 또한 사심이 있는 사람입니다.

체면 유지 비용은
들일 이유가 없습니다

함께 공부하는 모임을 꾸리는 데에 중요한 두 번째 요소는 '질 높은 수업 내용'입니다. 각자 책을 읽고 와서 토론하게 되면 몇몇만 주도적으로 이야기를 하게 됩니다. 갖고 있는 배경지식이 다를뿐더러 설사 아는 것이 많아도 말하는 것을 부담스럽게 여기는 이들이 많습니다. 그래서 계영계에서는 강사를 초빙하여 수업을 듣는 방식으로 진행하고 있습니다.

중국 역사와 철학, 대항해, 이집트 문명, 교류사, 종교 등 문학 25%, 철학 25%, 사학 50% 비중으로 수업이 이뤄집니다. 지금까지 배철현, 주경철, 이희수, 한명기 등 내로라하는 인문학자들이 계영계를 거쳐 갔습니다. 질 좋은 수업 내용과 맞물리는 것이 경비 운용입니다. 강사료 말고는 거의 돈이 들어가지 않도록 운영하는 것이 원칙이라면 원칙입니다. 질 좋은 수업 내용이 1순위라는 데에 모두 합의한다면 다른 부분이 빈약해도 기분 좋게 이해합니다.

저는 왜 독서 모임이나 인문학 공부를 호텔에서 해야 하는지 모르겠습니다. 독서나 인문학은 마음의 양식인 데 반해 호텔이나 값비싼 저녁은 몸의 양식에 해당합니다. 마음의 양식을 쌓는 활동에까지 체면 유지 비용을 쓸 이유가 없습니다. 어쩌다 한 번은 괜찮지만 정기적으로 모여서 하는 공부라면 대관료로 나가는 비용을 최소화하는 것이 좋습니다. 함께 모여서 공부만 할 수 있다면 그곳이 명품 서당입니다. 식사도 그럴듯하게 먹을 필요가 없습니다. 저희는 30분간 도시락을 먹은 다음에 회사 강의실에서 수업을 진행합니다. 그 시간 동안 안부도 묻고, 이전 시간에 배운 내용에 대해 이야기하면서 수업을 준비합니다. 이 시간도 재미있습니다.

한 달에 두 번이면 결코 적은 횟수가 아닙니다. 그런데도 오래도록 이 모임이 이어져 온 것은 그만큼 삶의 바탕이 되는 공부, 삶의 지혜를 채우는 기쁨이 크기 때문입니다. 수업마다 90% 이상 출석하는데, 멤버 중에 포항에서 올라오는 의사도 있습니다. 오전 진료를 마치고 이 수업 하나를 듣기 위해 상경했다가 다시 내려가는 겁니다.

인디언 속담 중 "멀리 가려면 함께 가라"는 말이 있습니다. 저는 이 말을 어질 인仁, 이 한 글자로 표현하고 싶습니다. 어질 인의 구성을 보면 '人 + 二 = 仁'으로 되어 있습니다. 어떤가요? 두 사람이 모여야 지혜로울 수 있다는 교훈이 보이지 않나요. 공부도 마찬가지입니다. 멀리 가려면 함께 가야 하듯 오래 공부를 하려면 함께 가야 합니다. 재미도 있고 확실히 혼자서 공부할 때보다 지속성이 담보됩니다. 그러니 이 책을

우보천리 동행만리

읽는 분들도 크고 작은 모임을 만들어 많은 이들과 부대끼며 공부의 즐거움을 나눠보길 바랍니다.

바둑의
인문학
수업

"열 길 물속은 알아도 한 길 사람 속은 모른다."는 말이 있습니다.

이 말만큼 인문학을 표현하는 말도 없는 것 같습니다. 희로애락이라는 감정이 없으면 인문학이 필요 없기 때문입니다. 인문학은 감정을 다스리는 보편성을 찾아줌으로써 감정을 관리하는 기준을 제시해 관계와 협력에 도움을 줍니다. 사회 질서에도 인문학이 직간접적으로 영향을 미치는 겁니다.

날씨가 추우면 따뜻하게 입고, 더우면 옷을 벗는 건 우리가 자연현상에 반응하는 동물이기 때문입니다. 마찬가지로 사회에서 일어나는 일에 반응해야 사회적 동물이라 할 수 있습니다.

연전에 가장 이슈가 되었던 게 구글에서 만든 인공지능 알파고와 이

　　　　　　　　　　　　　　우보천리 동행만리

세돌의 대전이었다면 지금은 AI를 앞세운 챗GPT 선풍이라고 생각합니다. 알파고는 그런 면에서 인공지능에 대한 사람의 생각을 확실하게 바꾸어 놓은 계기가 된 것이 분명합니다.

요즘 젊은 세대는 바둑을 잘 두지 않는 것 같습니다. 컴퓨터 오락이 훨씬 자극적이고 재미가 있다니 그럴 수밖에요.

알파고는 인공지능과 인간의 대결이라는 측면에서 전 세계의 관심을 한 몸에 받았습니다. 경기가 시작되기 전에는 이세돌이 압승할 것이라는 게 초반의 여론이었습니다. 하지만 결과는 4:1로 알파고의 승리로 끝났습니다.

그 시절의 알파고와 이세돌 간의 경기를 어떤 프레임으로 봐야 할까요?

단순히 바둑의 관점으로 볼 수도 있고, 인공지능과 인간의 대결로도 볼 수 있습니다. 구글이 이세돌과의 경기를 통해 수십 조의 이익을 챙겼으니 자본의 관점으로도 볼 수 있습니다. 하지만 저는 사람의 문제로 세기의 경기를 바라보고 싶습니다. 같은 수준의 사람이 대국하는 것을 바둑용어로 '맞바둑'이라고 하나 이미 본 게임은 이세돌에게 불리한 접바둑이었습니다. 이세돌은 이기면 본전이었지만 구글의 알파고는 져도 본전이었습니다.

고등학교 1학년 2학기 때까지 바둑을 두다 그만둔 적이 있습니다. 한창 체력이 남아돌 때였는데도 바둑을 두는 날엔 무거운 짐을 실어 나른 것처럼 몸이 묵직했습니다. 바둑은 기본적으로 굉장한 에너지가 필요합니다. 내 수는 숨기고 상대의 수를 읽는 머리싸움도 중요하나 기 싸움이 더욱 중요합니다. 100 정도의 에너지가 있다고 했을 때 절반은 감정 관리에 사용됩니다.

만약 이세돌이 알파고가 아니라 이창호와 게임을 했다면 둘 다 감정 관리에 에너지를 쏟아야 하니 이는 맞바둑입니다. 하지만 알파고는 어떻습니까? 알파고는 감정 문제 따위는 일체 신경 쓰지 않고 이기는 수만 찾아냅니다. 기계와 싸운다는 부담감을 안은 이세돌보다 유리한 환경에서 경기를 치른 셈이지요.

알파고는 승리도 명령입니다

제가 그 대국을 '사람의 문제'로 보게 된 결정적인 계기는 이세돌이 1승을 한 네 번째 라운드 때문입니다.

알파고는 네 번째 경기에서 이세돌이 78수를 두자 'Resign'이라는 창을 띄우고 경기를 포기했습니다. 이것이 알파고의 한계입니다. 인간은 손해가 나도 바둑을 두지만, 기계는 손해가 나면 멈춥니다. 처음부터 손해가 나면 그만두는 쪽으로 프로그램이 입력되었기 때문입니다. 앞서 인문학이 감정의 보편성을 찾는 데 도움이 된다고 언급한 이유입니다. 사람만이 감정에 맞는 선택을 할 수 있는 주체이기 때문입니다.

저는 세기의 대결을 통해 코딩이나 로직이 아닌 감정이 시키는 선택은 사람만이 할 수 있다는 사실을 확인할 수 있었습니다.

감정이 원하는 대로 할 수 있는 것도 인간이요, 반대로 감정이 원하지 않아도 페어플레이라는 가치를 위해 인내하는 것도 인간입니다.

승리마저 타율적일 수밖에 없는 알파고와 비록 경기에서 졌지만 패배로도 감동을 준 인간. 저는 본 대국의 의미를 여기에서 찾고 싶었습니다.

그러니 인공지능이 진화될수록 인간은 더욱 인문학에 몰두해야 합니다.

챗GPT 시대가
열리다

벌써 챗GPT는 시대의 흐름을 변화시키고 검색과 대화의 차원을 새로운 접근방법으로 풀어내고 있습니다. 챗GPT는 2022년 1월 미국의 Open AI라는 회사가 공개한 인공지능 챗봇입니다. 알파고의 새로운 모습으로 등장한 이 인공지능의 새로운 버전이 도화선이 되어 지금은 더 새롭고 더 발전한 인공지능 챗봇이 각국에서 쏟아져 나오고 있고 우리나라도 여기에 동참하고 있습니다.

사람은 배우고 경험한 것을 토대로 행동합니다. 인공지능도 데이터를 학습하고 그 내용을 기반으로 점점 더 학습함으로써 인간의 지능을 넘어서는 수준에까지 발전하게 될 가능성이 커졌습니다. 정말 이러다가 인공지능의 노예로 전락하는 것이 아닌가 하는 우려가 설득력을 갖는 모습입니다.

코딩이 기계의 알고리즘이라면 인문학은 인간의 알고리즘입니다. 인문학을 통해 감정의 폭을 넓히고 다양하게 만들어야 인공지능과 차별화될 수 있으리라 생각합니다. 인공지능에게 밀리기 전에 우리도 더 깊이 인간을 이해하고 우리 사회를 해석해 가는 노력이 필요할 때입니다.

바둑은
지면서 꽃을 피웁니다

바둑만큼 인문학의 정수를 온몸으로 느낄 수 있는 놀이도 없습니다.

바둑에서는 경기가 끝나도 복기復棋를 하고 나서야 일어나는 규칙이 있습니다. 복기는 승자와 패자가 1라운드부터 최종 라운드까지 자신들이 둔 바둑을 비평하기 위해 다시 두는 것을 말합니다. 복기는 바둑의 꽃입니다. 진 사람은 복기를 통해 패인을 분석하고, 이긴 사람은 중간에 흔들린 지점을 다시 밟음으로써 묘책을 강구합니다.

특히 복기는 서로에 대한 예의를 절대적으로 필요로 합니다.

오랫동안 체력과 정신력을 쏟아부어 바둑을 두었으니 두 선수 모두 지쳤을 때지만 서로를 위해 인내하며 복기를 하는 겁니다.

패자에 대한 승자의 배려, 승자에게서 한 수 배우겠다는 패자의 용기가 복기의 미덕입니다. 승패에 일희일비하지 않고 하나라도 더 배우겠다는 자세, 이것이 우리가 바둑으로부터 배워야 할 인문학적 태도입니다. 이러한 태도를 일러주는 복기 문화가 사회 곳곳에서도 꽃을 피웠으면 좋겠습니다.

복기 말고도 바둑이 보여주는 미덕 한 가지가 더 있습니다. 한국 바둑계를 보면 서봉수, 조치훈, 조훈현, 이창호, 이세돌이 명맥을 이으며 발전을 거듭했습니다.

바둑은 선배가 후배에게, 스승이 제자에게 패배하면서 발전하는 문화입니다. 패배로 발전한다는 말 자체가 모순처럼 들리나 바둑은 누군가 져야 꽃을 피울 수 있습니다. 이런 관점에서 바둑은 꽃무릇이라는 식물과 여러모로 닮았습니다. 꽃무릇은 꽃이 나오면 잎이 지고, 잎이 나오면 꽃이 집니다. 분명 하나의 몸뚱이인데 서로 만나지 못하고 잎은 꽃을, 꽃은 잎을 그리워합니다. 이 모습은 관람객 눈에 아름답게만 보입니다. 바둑도 그렇습니다. 스승과 제자 둘 가운데 한쪽이 져야 한쪽이 꽃을 피우는 운명, 가만 보면 바둑이 보여주는 질서는 자연의 섭리와 닮았습니다.

흐름을
갖지 못하면
인생은
훼손됩니다

역사는 역사학자의 것만이 아닙니다. 우리 모두 개인의 역사를 만드는 역사학자입니다. 또한 고증, 답사, 발굴, 연구만이 역사를 발견하고 의미를 만드는 것이 아닙니다. 역사라는 개념을 폭넓게 사용하면 역사에 대한 진입장벽이 낮아질 뿐만 아니라 개인의 역사도 튼튼하게 만들 수 있습니다.

인간이 발명한 최고의 소프트파워는 무엇일까요? 저는 시간이라고 생각합니다. 시간은 하나의 단위, 제도, 문화, 현상을 만들어냈다는 점에서 대단한 발명입니다. 사건과 사건을 연결하는 게 흐름인데, 우리는 흐름을 통해 어떻게 그 시대를 살아왔을지 추정합니다. 유적이나 기록물이 그 증거가 됩니다. 개성에서 남북 공동으로 역사학자들이 유물을 탐사하고 있다는 소식을 신문을 통해 읽은 적이 있습니다. 옛 고려 왕궁

이 있던 자리인 만월대에서 직지심경보다 더 앞서 만들어진 금속활자가 발견됐다고 합니다.

이런 유물들을 통해 구텐베르크의 금속활자보다 우리의 금속활자가 70년이나 앞섰다는 사실을 다시 한번 확인할 수 있었습니다. 이렇게 사건들을 연결해 보면 하나의 흐름이 보입니다. 인간이 사물을 관리하고 검토하는 방법 중 하나가 역사인 겁니다.

책장의 성장도
역사입니다

저는 책을 통해 역사를 만듭니다. 인터뷰하거나 사람들과 대화를 하다 보면 저는 처음부터 어려운 책만 읽었을 것 같다는 이야기를 듣곤 합니다. 그러나 그렇지 않습니다. 20대부터 책을 가까이하면서 수준을 올려 온 것이지 소싯적에는 만화책도 좋아했고, 속독으로 처리해도 될 만큼 가벼운 책을 좋아하기도 했습니다.

오래 독서를 하다 보면 쉬운 책에서 중간 수준의 책으로 바뀌는 시점이 찾아옵니다. 1단계에서 2단계로 수준이 올라가면 책장 또한 업그레이드됩니다. 거기서 또 일정한 시간이 지나면 2단계에서 3단계로 책장이 다시 성장합니다. 이러한 방식으로 제 책장은 수십 년에 걸쳐 성장하며 모습을 바꿔갔습니다. 이것이 책으로 역사를 만들어가는 저만의 방법입니다.

이제는 이러한 책장에서 유물 발굴을 해보겠습니다. 고시대의 유물을 발견하면 옛날 사람들의 생활상이나 지도자의 통치 방식을 알 수 있듯, 내가 읽었던 책들이 꽂혀 있는 책장에서 문득 옛날 책을 꺼내 보면 새롭게 얻는 수확도 있습니다. 최근에 읽었거나 구입한 책을 한 권 정도 꺼낸 뒤 그 책과 유사한 분야의 책을 찾는 겁니다. 보통 사람들의 관심 분야가 정해져 있어서 분명 하나의 카테고리로 묶일 만한 책들이 존재합니다. 건축을 좋아하는 사람은 건축 위주로 책을 모았을 것이고, 자동차에 관심이 많은 사람은 자동차와 관련된 책을 모았을 겁니다. 유사한 책을 찾아내면 처음 집은 최신 도서의 과거를 유추할 수 있습니다.

'내가 이 책을 읽기까지 이런 과정을 거쳤구나' 하고 독서의 여정을 한눈에 파악할 수 있게 됩니다. 이 또한 역사를 찾는 활동입니다. 저는 이런 놀이가 재미있습니다.

책장에 책이 많지 않은 사람도 있을 겁니다. 그러나 걱정하지 않아도 됩니다. 책을 읽는 것 자체가 역사적인 행위이기 때문입니다. 한 권이라도 읽었다면 읽기 전의 나와 읽고 나서의 나 사이에 편차가 생겨납니다. 이것이 중요합니다.

가끔 책을 읽다 보면 많은 페이지를 읽지 않았음에도 뒤통수를 맞은 듯한 느낌이 올 때가 있습니다. 내 안에서 둥둥 떠다니는 생각의 파편들을 저자가 두세 문장으로 정리한 것을 보았을 때, 또 앞면만 있다고 생각한 사물인데 저자가 다른 면을 열어주었을 때. 이 맛을 본 나와 이전의 나는 분명 다른 사람입니다. 이처럼 시간의 흐름이 발생하고 그 흐름이 'Before'와 'After'를 만든다면 그것이 곧 역사가 됩니다.

계획을 세우는 일도 역사적 활동입니다. 1년을 월로 쪼개고 또 일로 쪼개고 하루를 다시 시간으로 쪼개봅시다. 이를 또 석 달씩 묶어 분기라 부르고 여섯 달씩 묶어 반기라고 부릅니다. 이렇게 우리 삶이란 끊임없이 시간을 벌리고 줄이는 과정의 연속입니다. 월말보고, 분기보고, 연말보고를 하느라 연말 증후군을 겪은 분이 많을 텐데 이 역시 역사를 만드는 과정이기에 녹록하지만은 않습니다.

복권 당첨이
불행인 이유

시간 관리는 시점의 관리라기보다 흐름의 관리에 가깝습니다.

흐름이 있으려면 높고 낮음과 길고 짧음처럼 고저장단이 필요한데, 고저장단을 다른 말로 선택과 집중이라고 표현할 수 있습니다.

연말이 지난해의 나와 현재의 나 사이에 어떤 흐름이 생겼는지 파악하고 선택과 집중의 계획을 다져야 하는 시즌이라면, 연초는 선택과 집중을 통해 올해와 내년 사이에 만들고 싶은 흐름을 구상해 보는 때입니다.

어떻습니까? 역사에 대한 진입장벽이 조금은 낮아지지 않았습니까? 역사를 꼭 책이나 박물관에 가서 봐야 할 필요가 없습니다. 이는 나중에 얼마든지 해도 늦지 않습니다.

역사를 공부할 대상으로 여기기 전에 삶에 얼마나 깊숙이 들어와 있는지 깨닫는 일, 나 또한 역사를 만드는 주체라는 인식을 갖는 것이 더욱 중요합니다. 역사 공부만 들입다 해놓고 인생은 역사와 무관하게 산다면 아무 의미가 없습니다.

인생은 흐름을 관리하는 일이며, 오늘 선택한 것이 훗날 어떤 영향을 끼칠 것인가에 대해 생각해 본다면 훨씬 가치 있는 삶을 살 수 있을 겁니다.

역사는 자기 관리의 뿌리를 다져줌으로써 인생이 훼손되지 않도록 도와주기도 합니다. 왜 전 세계적으로 복권에 당첨된 사람들이 주변 사람과 불협화음을 내고 스스로 불행해지는 줄 아시나요. 복권 당첨이라는 것 자체가 '되어감becoming'이 생략된, 말 그대로 '흐름이 생략된 부富'이기 때문입니다. 기본적으로 원인이 없는 결과, 노력이 없는 보상은 멸시와 시기심을 부릅니다. 하루아침에 부자가 된 당첨자를 둔 주변 사람들은 박탈감을 느끼게 되고, 자기도 모르는 사이 당첨자의 인생을 훼손하고자 하는 본능과 마주하게 됩니다. 흐름을 가지지 못한 부는 뿌리를 갖지 못했다는 뜻이니 외부 충격이 조금만 와도 인생이 흔들릴 수밖에 없습니다.

이 말을 거꾸로 해석하면 자신이 무언가를 얻기 위해 얼마나 노력했으며, 무엇을 포기했는지와 같은 흐름을 보여줘야 주변 사람의 애먼 질투도 피할 수 있습니다.

가끔 강연자로 젊은이들 앞에 서거나 직접 대화를 하게 될 때가 있습니다. 자신의 소식을 전하고 싶다면 직접 사람들을 만나서 전하라고 이릅니다. 만약 SNS에 올리고 싶으면 쟁취한 가치보다 얼마나 노력했는지를 비중 있게 다루는 것이 현명하다는 말도 빼놓지 않습니다. 그래야 진정한 의미의 축하를 받을 수 있습니다. SNS를 현명하게 사용하는 것도 개인의 역사를 잘 가꾸는 일이 됩니다. 이처럼 역사는 알게 모르게 삶 곳곳으로 들어와 행복과 불행에 관여하고 있습니다.

내가
역사를
공부하는
방법

최고의 명필가로 손꼽히는 김정희는 대표적인 금석학자이면서 실용학자입니다. 그는 경전을 읽거나 학문을 탐구하는 데도 정도가 있다며 문경론을 이야기했습니다. 조선시대 때 사대부들이 대학, 논어, 맹자, 중용 순으로 경전을 떼는 것도 문경門經입니다.

제가 역사학자나 대학교수도 아닌데 '학문의 정도'로 문경을 가져가는 건 주제가 넘은 것 같습니다.

본래 문경이라는 말은 스님이 경문을 외며 시주를 청하는 것을 의미합니다. 여기에서 조금 더 확장하여 목표를 향해 밟아나가는 것으로 문경의 의미를 둘까 합니다. 스님이 시주라는 뜻을 두고 문을 두드리듯, 저 또한 역사 공부에 뜻을 두고 역사의 문을 두드리고 싶습니다.

'어떤 책을 읽어야 하나요'라며 저처럼 역사의 문을 두드리고자 하

우보천리 동행만리

는 분들이 책을 추천해 달라고들 하는데, 저는 한국사-중국사-서양사 순으로 탐독하는 것이 바람직하다는 것으로 답을 대신합니다.

어떤 책을 읽느냐는, 부분에 해당하지만, 어떤 순서로 공부를 하느냐는, 전체 얼개를 잡는 중요한 일이기 때문입니다.

가장 먼저 한국사를 공부하는 것이 좋습니다. 우리의 이야기가 우선 뿌리가 되어야 하기 때문입니다. 한국사를 공부하다 보면 중국사와 만나게 됩니다. 세종 이전에는 우리도 한자를 사용했을 뿐만 아니라 원, 명, 청과의 사대 관계에 따라 통치 이데올로기가 결정될 만큼 국내 정치와 중국은 밀접한 관련을 맺고 있습니다. 물론 지금도 정치 경제적으로 깊은 영향을 받고 있습니다.

중국사를 공부하다 보면 남방사와 북방사로 나누어지는데 남방사는 인도와 북방사는 페르시아, 이슬람 등 중앙아시아와 연결됩니다. 다시 여기서 북방사는 유럽의 로마사와 연결됩니다.이 순서는 선택이라기보다 지켜야 할 룰에 가깝습니다. 역사와 철학은 문학처럼 단독으로 존재하지 않습니다. 이전의 역사나 철학을 비판하는 과정에서 새로운 사관이나 철학이 만들어지기에 순서를 지키면서 공부를 하는 것이 편리합니다.

역사 공부의
나비효과

한국, 중국, 일본을 묶어서 동북아시아라고 부릅니다. 사드 배치며 일본 위안부 사과 문제며 3개국이 얽힌 문제가 많아 동북아시아라는 말 자체가 낯설지 않습니다. 그런데 한국, 중국, 페르시아, 유럽은 하나로 묶기에는 낯설게 느껴집니다. 지정학적 위치도 그렇고 딱히 묶을 만한 연결고리가 없기 때문입니다. 그러나 고선지 장군을 알면 이야기가 달라집니다.

고구려가 멸망하자 많은 고구려 유민이 당나라에 옮겨가 살았습니다. 그때만 해도 국경이 지금처럼 분명하지 않았기에 가능한 일이었습니다. 고선지 장군은 출신은 고구려인이나 그의 아버지에 이어 당나라 장수로 활약한 인물입니다. 그가 당나라 장수로 활약하던 중 탈라스 전투에서 패하면서 2만여 명이 포로가 되어 페르시아로 넘어가게 됩니다. 그 대열에 종이 기술자들이 다수 포함되어 있었는데 그들이 페르시아에 종이 기술을 전파하였고, 다시 이 기술은 전 유럽으로 확장되어 유럽의 인쇄술이 발달하게 됩니다.

그 결과가 종교 개혁입니다. 고선지 장군이라는 한 명의 인물로 동양에서 서양이 자연스럽게 연결됩니다. 서로 관련이 없는 것 같지만 티끌만 한 단서 하나가 어마어마한 역사를 만드는 것. 저는 이것을 역사의 나비효과라고 생각합니다. 나비의 작은 날갯짓이 폭풍우를 일으키듯 작은 사건 하나가 커다란 역사를 만든 단초가 되는 것. 이것을 발견할 때의 즐거움은 역사 공부의 백미 중 하나입니다.

역사 공부는 벽돌 쌓기와 같습니다. 벽돌을 한 장 한 장 쌓아 올려야 원하는 건물을 완성할 수 있는데 중간중간 빈틈이 발견되곤 합니다. 역사 공부도 그렇습니다. 이 틈을 메울 때의 희열은 이루 말할 수 없습니다.

인상 깊게 읽은 책 중 하나가 이희수 교수의 《이슬람》입니다. 매일 중국과 유럽의 역사 사이에서 고민하던 저에게 이슬람이 동아줄처럼 내려와 주었습니다. 중국과 유럽 사이에는 페르시아, 오스만 튀르크가 있습니다. 그리고 이 두 개의 축을 이슬람 문화가 만들어주었습니다.

마지막 퍼즐을 맞춘 기분이 들었습니다. 한국사, 중국사, 중앙아시아(이슬람), 유럽사 순으로 공부를 하면 되겠다는 체계를 잡을 수 있었습니다. 이 외에도 역사를 보면 단절된 부분이 있기 마련입니다. 단절되거나 비어 있는 공간을 메워나가겠다는 의식을 갖고 공부하면 더욱 몰입해서 책을 들여다볼 수 있습니다.

이어서 공부하면
다르게 보입니다

역사의 문을 두드리는 두 번째 방법은 이어서 공부하는 겁니다. 저는 알고자 하는 왕조를 중심으로 이전의 왕조와 이후의 왕조, 총 삼대三代에 걸쳐서 공부를 합니다. 하나의 왕조가 모든 업적을 완성할 수 없기에 선대와 후대를 함께 찾아봅니다. 더욱이 이어서 공부를 하다 보면 왕조에 대한 리더십이 다르게 보입니다.

태조면 태조, 태종이면 태종, 잘라서 보면 딱 그 시기의 업적만 놓고 평가를 하게 되니 한계가 있습니다. 반면 태종과 세종을 연결해서 보면 태종의 리더십이 다르게 보입니다.

태종은 18년 동안 재위를 한 후 세종에게 조기 양위를 하였습니다. 왕조 역사상 왕이 생존했을 때 자진 양위한 사례가 드물다는 점에 주목해야 합니다. 또한 태종은 여기서 그치지 않고 세종이 즉위하고 1년이 되던 해, 대마도 정벌에 나서 남서해안에서 기승을 부리던 왜구의 횡포를 없애주었습니다.

이는 세종이 태평시대를 열 수 있는 기반이 되었습니다. 흔히 이방원이라고 하면 '피의 정치가'로 평가됩니다. 그러나 후대를 위해 문치의 기틀을 마련했다는 점에서 이방원의 리더십은 재평가할 부분이 존재한다고 생각합니다. 앞뒤와 연결해서 공부하면 '잘잘못의 경중'도 달라지니 전과 후까지 살피는 공부법을 해나가길 바랍니다.

세 번째 공부법은 두 번째 공부법보다 쉽습니다. 바로 시대적 배경을 살피는 일입니다. 한 사람의 인생은 그 사람이 몸담고 있는 환경과 세트입니다. 역사 인물을 살필 때도 그렇습니다. 고려가 건국된 10세기는 동양 질서의 주축이던 당唐이 멸망하고, 최북방의 강자였던 발해가 멸망한 시기입니다. 게다가 천 년이나 이어온 신라마저 역사 속으로 사라진, 그야말로 동북아는 대변혁기였습니다. 이러한 시대적 배경을 공부해야 '경천동지驚天動地의 시기'에 등장하여 고려를 건국한 왕건의 리더십에 대한 이해가 가능해집니다.

네 번째로 즐겨 하는 공부법은 역사적 진실을 가정하여 새로운 해석을 도출하는 방식입니다. 어차피 역사라는 것 자체가 승자의 입장에서 서술된 것이다 보니 '패자의 관점'이 통째로 비어 있습니다. 여기에 대한 아쉬움을 달래고자 갖게 된 공부법입니다.

예를 들어 숙종과 장희빈 간의 빅딜입니다. 장희빈의 아들인 경종이 왕이 되었는데 사약을 받은 왕비의 아들이 왕좌에 오르는 건 현실적으로 힘든 일입니다. 그런데도 경종이 왕위에 오르고, 경종이 죽자 영조가 왕에 오릅니다.

저는 여기에 장희빈과 숙종 간의 빅딜이 있었으리라 추측해 봅니다. 장희빈은 자신이 희생할 테니 아들을 왕위에 올려주고, 다음엔 세자가 아닌 세제를 통해 경종의 이복동생인 영조에게 왕위를 물려달라고 청했을 것이라는 추측입니다. 충분히 개연성이 있는 이야기라고 생각합니다.

또한 정조가 1800년에 사망하였는데, '만약 10년만 더 살았다면 조선의 운명은 어떻게 달라졌을까'라는 가정을 해봅니다. 10년만 더 살았으면 1810년이 됩니다. 만약 정조가 그때까지 살아 있었다면 실학이 조선의 주류 학문이 되어 나라가 부국강병해졌을 것입니다. 청일전쟁을 거쳐 한일합병이 되어버린 아픈 역사가 일어나지 않았을 수도 있을 겁니다.

역사 공부가 재밌는 건 공부를 하는 사람을 능동적으로 만들기 때문입니다. 연대기 순으로 왕조 이름과 업적을 외우는 공부는 피동적이라 재미도 없고 기억에 남지 않습니다. 앞뒤로 왕조의 업적을 이어서 공부하거나 상상을 해가며 결론을 추론하는 식의 공부는 재미도 있으면서 치밀하게 공부하도록 도와줍니다.

우리가
미처 몰랐던
세종 이도

현재 일본이 우리 땅인 독도를 두고 영토 분쟁을 걸어오고 있습니다. 독도는 보이는 면적이 다가 아닙니다. 바닷속의 독도 면적이 지상의 면적보다 몇 배 이상이라고 합니다. 이와 마찬가지로 역사 인물의 생애도 파고들어 가면 갈수록 매장된 자원들이 풍부하여 새로운 사실을 발견하는 재미가 있습니다.

가끔 '세종이 한글을 창제하지 않았다면 어떻게 평가되었을까'를 두고 생각할 때가 있습니다. 전 역사를 통틀어 손꼽히는 업적이 한글 창제라 세종의 다른 업적들이 가려지는 측면이 있기 때문입니다. 그동안 알지 못했던 세종의 다른 업적들을 간추려보고자 합니다.

가화만사성의
왕가를 이룩하다

태종 이방원은 피의 군주라 불릴 정도였습니다. 심지어 처남 넷을 죽여 외척이 틈타지 못하게 할 정도로 왕권을 크게 강화했고 세종에게 왕권을 물려주면서도 상왕 신분으로 대마도 공략을 지휘해 왜구의 본거지를 소탕했습니다.

고려 말의 충신 정몽주를 주살하도록 사주했고 조선 개국의 기획자 삼봉 정도전을 주살하며 왕자의 난을 일으켜 혈육끼리 피를 흘렸습니다. 그러면서도 아들 세종에게 자신의 신하였던 황희와 맹사성을 중용토록 하여 세종 태평성대를 이끌어가는 데 큰 도움을 주었습니다.

이처럼 개국 초기의 혼란을 피로 씻어내며 강력한 왕권을 확립한 태종은 양녕을 세자에서 폐위시키고 셋째 충녕을 세자로 책봉하였습니다. 여러 학설이 있지만 양녕이 궁중 생활에 잘 적응하지 못했기 때문인 것은 사실로 보입니다. 양녕은 세자에서 폐위된 후에도 세종의 배려 덕분인지 오랫동안 살아남아 세조의 계유정난을 지켜보고 69세(세조 8년)에 세상을 떠났습니다.

그럼 둘째인 효령은 어떻게 생을 마쳤을까요? 효령은 세자 책봉에서 밀리면서 불교에 심취하였습니다. 효령은 세종부터 성종까지 여섯 왕의 연고존친年高尊親으로 극진한 대우를 받으며 천수를 누려 91세까지 살았다고 합니다.

이처럼 우애가 돈독한 왕가도 없었던 것 같습니다. 사실 '일'보다 '집 문제'가 풀기 어려울 때가 많습니다. 가화만사성을 이뤄냈다는 것 자체가 이미 대단한 리더십을 가졌다고 볼 수 있습니다. 세종이 어진 군주였다는 증거입니다.

소통하는
지식군주

선왕이 걱정할 정도로 독서광이었던 세종은 한마디로 지식군주였습니다. 책을 통한 간접경험은 백성의 애로사항을 실질적으로 살피게 함으로써 '날이 선 정책'을 만들도록 해주었습니다.

세종은 백성들이 과도한 세금 징수로 고통받는 일이 없도록 땅의 비옥도와 풍흉에 따라 세금을 징수하는 제도를 마련하였습니다.

공법貢法이라는 제도를 만들었는데 세종은 전세제도를 개정하는 데무려 17년을 쏟아부었을 뿐만 아니라 이 과정에서 백성들에게 설문조사를 벌이는 등 민의를 반영하고자 노력하였습니다. 이러한 사실은 소통의 중요성을 인식하고 실천하는 성군의 자세를 보여준 대표적인 사례라 할 수 있습니다. 그것도 하삼도(충청, 경상, 전라)부터 먼저 시행하는 신중함과 전분田分을 3등급에서 6등급으로 조정하는 세밀한 배려로 백성의 불편을 보듬어주었습니다. 지역의 특성상 어떤 곳은 땅도 비옥하고 날씨도 농사짓기에 좋고 수확률도 높지만, 그렇지 않은 지역의 농민들은 불리할 수밖에 없습니다. 세종은 이것을 간파하고 백성들의 억울함을 덜어주고자 한 것입니다.

또 유명무실했던 집현전 제도를 보강하여 선진 지식을 가치 판단의 기준으로 삼게 하였습니다. 집현전의 학사들은 훗날 조선 초기의 율령 제도를 확립하는 것은 물론, 한글을 창제하는 싱크탱크의 역할을 맡게 됩니다.

세종의 발자취를 보다 보면 생명이 느껴집니다. 세종의 손길이 닿는 곳곳에 생명의 싹이 자라나고, 그가 손길을 내미는 정책마다 생명력이 느껴지기 때문입니다.

국력을 강화한
통합군주

세종이라고 하면 학문과 법을 다스리는 '문치 리더십'이 떠오르나 이에 못지않게 무신 정치에도 탁월하였습니다. 단, 세종답게 피나 칼처럼 물리적인 권력이 아닌 인재 등용이라는 방식으로 무신 정치를 펼쳤습니다. 그중에서도 김종서와 최윤덕에게 4군 6진을 개척하도록 하여 작금의 국경을 만든 업적을 간과하기 쉽습니다. 무신이 아닌 문신인 김종서를 발탁한 것은 세종의 용인술을 엿볼 수 있는 대목입니다.

저는 세종의 리더십을 보면서 놀랄 때가 많은데 특히 사람을 쓰는 능력에서 많은 것을 보고 배웁니다. 특히 세종의 장인인 심온의 처형에 앞장선 박은, 유정현 등을 계속 기용함으로써 정치 보복을 단절하였습니다.

더불어 양녕의 폐위와 충녕의 세자 책봉에 반대한 황희의 등용은 정치 라이벌인 힐러리를 국무장관으로 중용한 오바마 대통령의 포용력

이상입니다. 박학다식함과 청렴결백함을 지녔던 황희는 18년이나 영상으로 지냈는데 조선 초기의 행정 관료 시스템 확립에 절대적인 업적을 남겼습니다. 이를 알아보고 품었으니 세종은 진정한 통합군주의 모습이 아닐 수 없습니다.

세계 최고
문화군주

세종 27년에 창제한 〈용비어천가龍飛御天歌〉에서 보듯이 '뿌리 깊은 나무는 바람에 아니 뮐세'는 문화에서 나오는 힘을 뜻합니다. 한글 창제는 모두가 아는 위대한 업적이므로 굳이 언급하지 않겠습니다.

세종은 갑인자를 발명하고 인쇄술을 발전시켜 역대 왕조 중 최대인 국가 서적 115권을 간행하였습니다. 이는 조선왕조 500년의 국가 정책과 과학기술, 생활규범 등의 전범典範으로 핵심적 역할을 하였습니다.

또한 맹사성을 재상에 발탁하여 오랜 기간 중용하는 등 문화 군주의 면모를 보여준 세종은 조선의 왕권 확립의 초석을 다졌습니다. 시대와 공간을 초월하여 정치가는 후대의 정치가가 제 역량을 펼칠 수 있도록 우수한 '치治의 바탕'을 물려줘야 합니다.

그런 점에서 세종이 조선 중기나 후기가 아닌 초기의 군주였다는 사실이 얼마나 다행인지 모릅니다.

경제군주이자
과학군주

고려 말엽의 어지러운 토지 제도와 왕조의 교체로 인한 지배층의 피비린내 나는 다툼은 민초의 삶을 피폐하게 만들었습니다. 정비된 토지 제도하에서 토지 생산성의 향상이야말로 최대 과제였기에 세종은《농사직설農事直說》이라는 종합 농사 서적을 발간하여 획기적으로 생산성 향상을 도모하였습니다. 이 책은 일본에도 소개될 만큼 진가를 발휘하였습니다.

아울러 세종은 조선통보라는 화폐를 발행하여 유통경제의 전국화를 가져와 시간과 공간을 압축하는 경제 정책을 시행하였습니다. 장영실이 발명한 측우기와 자격루 역시 농업생산 향상을 위한 과학이었습니다. 서운관이라는 천문기구를 만들어 날씨를 예측함으로써 농민들의 수고를 덜어준 것은 당대로서는 혁신 그 자체였습니다. 무엇보다 서운관의 출현은 자연에 지배당하는 단계에서 자연을 관리하는 단계로 인간의 능력을 업그레이드해주었습니다. 말 그대로 세종은 경제군주, 과학군주였습니다.

한편으로 의학 백과사전인《의방유취醫方類聚》, 약학 종합서적인《향약집성방鄕藥集成方》을 발간하여 국민이 건강한 생활을 할 수 있도록 개선하였습니다. 이런 노력 덕분에 세종 시절에는 인구가 증가했고 평균 수명도 10년이 늘었다고 합니다. 인구가 늘어남으로써 농업 노동력도 늘어났기 때문에 실용과학에도 이바지했다고 볼 수 있습니다. 세

종은 이렇듯 정보화, 산업화, 민주화를 이뤄낸 동양 최고의 명군名君입
니다.

왕건을
공부하면서
발견한 것들

고려의 역사는 삼국과 통일신라를 조선과 이어주는 징검다리의 역사로
만 보아서는 안 됩니다. 거의 500년, 정확히는 474년간 시간의 폭풍 속
을 헤쳐나간 단련의 시기였기 때문입니다.

　고려가 건국된 10세기는 당나라와 신라의 멸망 등 동북아의 대변혁
기이자 열국이 일어나고 멸망하는 숨 가쁜 시기였습니다. 이러한 시기
에 고려를 건국하여 500년 사직을 이어가도록 만든 주인공이 왕건입니
다. 왕건의 리더십을 재조명하여 다극의 시대를 살아가야 할 미래의 귀
감으로 삼고자 합니다.

후삼국 시대와
왕건의 등장

신라는 진성여왕 대에 이르렀을 때 국력이 소진되어 마치 황혼의 어둠 속을 달려가는 마지막 열차의 모습과 비슷했습니다. 전국 각지에서 농민 반란이 일어나고 전국에서 도둑이 들끓어 국가 경제는 피폐일로였다고 해도 과언이 아닙니다.

　또한 백제의 견훤은 지금의 전주인 반도의 서남쪽 완산주에서 후백제를 건국하였으며, 비슷한 시기에 궁예는 후고구려란 이름으로 국가 체제를 갖추기 시작하였습니다. 그 후 국호를 마진으로, 다시 태봉으로 개칭하면서 경기와 강원 북부에서 세력을 형성하였는데 이 시기를 우리는 후삼국이라고 부릅니다.

　당시 지금의 개성인 송악의 대호족인 왕씨 일가는 궁예의 세력이 커지자 구명도생苟命圖生의 방책으로 궁예의 수하로 들어갑니다. 구명도생은 우선 살기만 도모하는 것으로 당장 목숨을 지켜야 하는 왕건으로서는 어쩔 수 없는 선택이었습니다. 그러나 인내와 포용의 리더십을 지닌 왕건은 독선과 포악함으로 민심을 잃어가는 궁예를 제거하고 마침내 고려라는 이름으로 후삼국의 군주로서 역사의 전면에 등장하게 됩니다.

쏠리지 않은
기회균등

신라의 통일은 외세를 이용한 통일이었고, 고구려 유민들이 북방에 발해를 건국함으로써 완전한 통일이 아니라는 논란이 있습니다. 그러나 고려는 후삼국이라는 반세기의 과정을 거쳐 하나의 통일국가를 한반도에 세움으로써 한민족에 의한 첫 번째 통일국가를 세우는 역사를 만들었습니다.

많은 분이 삼국통일이라고 하면 신라를 떠올리는데 자주적 통일이라는 관점에서 보면 고려의 통일이 갖는 의미가 더욱 크다고 할 수 있습니다.

역사는 어떤 관점에서 보느냐에 따라 편향된 시각을 갖기 쉽습니다. 역사의 주체와 역사를 바로 보는 시각이 객관적이지 않으면 한쪽으로만 쏠리기 쉽기 때문입니다. 일방적으로 북한을 찬양하거나 친일적인 모습을 보이는 일부 사람은 객관성이 결여되어 한쪽 편만 드는 것입니다.

그런데 과연 이런 편향된 평가가 역사에만 적용될까요?

그렇지 않습니다. 우리는 평상시 일을 할 때도 편향된 사고를 합니다. 특히 영업이나 상품 개발처럼 가시적으로 성과가 드러나는 조직일수록 영업에서 1등 한 경험이 있는 영업자에게, 히트 상품을 개발한 직원에게 또 다른 성과를 올릴 수 있도록 계속해서 기회를 제공합니다.

물론 성과의 맛을 본 사람이 이후에도 잘할 수 있으나 '기회의 불균형'은 성과보다 더욱 중요한 팀의 분위기, 조직의 사기를 떨어트릴 수 있다는 점에서 경계해야 합니다.

스포츠 경기에서 이런 일은 더 자주 일어납니다. 축구나 농구 경기를 보면 특정 선수들이 '슛'을 더 많이 넣습니다. 그만큼 해당 선수가 실력이 뛰어나기도 하지만, 다른 공격수보다 볼을 패스받는 점유율이 높기 때문이기도 합니다. 이것을 두고 '뜨거운 손의 법칙'이라고 이야기합니다. 성과를 낼 수밖에 없도록 팀의 전폭적인 지원을 받으니 슛을 넣을 확률 또한 높아지는 것입니다. 문제는 어제의 승자가 내일의 승자가 된다는 보장이 없다는 데에 있습니다. 주력 선수에게 다섯 번 정도 기회를 준다면 그렇지 못한 선수들에게도 두 번 정도는 기회를 주어야 팀워크가 무너지지 않을 수 있습니다.

요즘 유럽에서 활약 중인 손흥민 선수가 화제입니다. 팀장을 맡은 그는 아직 경험이 부족하거나 실수한 동료선수들조차 다가가 안아주고 골을 넣을 기회를 골고루 부여합니다. 그의 인성은 개인주의가 발달한 서양에선 보기 드문 일이어서 칭송이 자자합니다.

기회의 균등 부여가 팀워크에 이렇게 중요하다는 것을 깨닫게 해줍니다.

역사를 공부하면서 느끼는 것 중 하나가 승자나 1등이 낸 업적만 중요하다고 생각하고 달달 외다 보니 승자의 역사 뒤에 가려진 사실에 대해 알려고 하지 않았다는 사실입니다.

알게 모르게 우리는 역사적인 사건을 평가할 때 편향된 사고를 해왔으며, 이러한 역사 인식이 오늘날 '1등만 기억하고, 갑이 아니면 안 된다'라는 편향된 삶의 자세를 견지하게 만들었습니다. 균형적인 역사 인식은 과거에 대한 올바른 이해로만 끝나는 것이 아닙니다.

1등만이 아니라 99등의 역사에도 지혜가 있고 교훈이 들어 있습니다. 예외의 역사를 공부하는 자세 역시 다양성 있는 사회를 만드는 하나의 방법이라고 생각합니다.

호족연맹체제
확립

본격적으로 왕건의 리더십을 살펴보면 먼저 호족연맹체제의 확립입니다. 왕건은 전국에 걸친 다양한 호족과 연맹체제를 만듦으로써 중앙집권적인 왕권 확립을 위한 시간을 벌었습니다. 왕건은 스물일곱 명의 후비를 둔 것으로도 유명한데, 정략결혼을 어떤 시각으로 바라봐야 할지에 대한 생각은 각자에게 맡기기로 하겠습니다. 그래도 스물다섯 명의 왕자가 2대 혜종, 3대 정종, 4대 광종까지의 왕권을 계승·발전시키는 든든한 세력이 되어준 것은 사실입니다. 이렇듯 왕실 세력의 양성은 훗날 호족 세력을 약화시키는 데 결정적으로 기여하였습니다.

게다가 각 지역의 호족들을 잘 관리함으로써 오늘날의 시각으로 보자면 왕건은 지방 분권시대를 훌륭하게 완성한 군주라고 볼 수 있습니다. 조선은 오히려 고려보다 중앙집권적 왕권 중심 국가였으니 왕건의 앞선 시각이 놀랍기 그지없습니다.

게다가 왕건은 고려 왕국을 진취적이고 개방적으로 발전시켜 코리아라는 이름을 전 세계에 알렸기에 해상왕국으로 국력을 발전시킨 그의 공로를 인정하지 않을 수 없습니다.

유화적
포용정책

왕건 하면 포용성을 빼놓을 수 없습니다. 궁예의 지원 세력인 호족들과 신라에게 보인 포용은 견훤의 귀순을 가능하게 한 당시의 큰 흐름이었습니다. 왕건과 견훤은 한때 패권을 놓고 다툼을 벌인 관계였습니다. 그런 견훤이 왕건에게 귀순을 요청했다는 사실은 왕건의 넓은 인품을 짐작하게 합니다. 또한 왕건은 거란에 의해 멸망한 발해 유민을 받아들이는 역사도 만들었습니다. 서로 다른 집단을 받아들여 용광로처럼 녹여 내며 한민족으로 단합해 낸 공로는 오롯이 그의 몫입니다. 이는 훗날 후삼국 통일 세력의 바탕이 되었을 뿐만 아니라 현재 한반도의 국경을 만든 단초를 만들었습니다.

왕건의 사촌 동생인 왕식렴을 서경으로 보내어 옛 고구려의 도읍지를 복원한 사실에 대해선 그리 알려져 있지 않습니다. 왕건은 단순히 땅만 복원한 것이 아닙니다. 고려라는 국호와 고구려를 연결함으로써 민족의 정체성도 한데 묶어놓았습니다. 저는 이것이야말로 왕건이 세운 업적 중 으뜸이라고 생각합니다.

보통은 이전의 역사를 부정하고 폐기하는 데 반해 왕건은 고구려를 부정하는 대신 자신이 세운 나라와 연결하였습니다. 이것이야말로 왕건이 보여준 포용 리더십의 극치입니다.

신라 문명의
적극 수용

왕건은 고구려를 잇는 고려라는 국호를 사용함으로써 고구려를 품은 것처럼 신라도 품었습니다. 도읍을 개경으로 옮기면서 신라의 율령을 받아들였고 이를 전국화하는 식으로 신라의 문화를 적극적으로 수용하였습니다.

이는 당시 최강의 나라인 당나라 문화를 고려화하였다는 데에 의미가 큽니다. 또한 왕건은 통일신라의 불교를 수용하는 숭불 정책을 펼쳐 국민의 정신적 안정과 왕권 강화의 사상적 뒷받침으로 삼았습니다. 앞에서도 언급했지만 이전의 역사, 적국 혹은 속국의 역사를 부정하고, 모든 것을 새롭게 시작하는 방식은 역사의 흐름을 단절시키는 일이나 다름없습니다. 이런 점에서 왕건은 통합군주의 표본을 우리에게 제시해준 진정한 리더라고 할 수 있습니다.

신라의 통일이 당나라의 외세를 빌려 이룬 것이라면 고려는 자주적인 민족 통일을 이루어냈습니다. 더불어 왕건은 신라 왕실의 귀순, 발해 유민의 합세, 후백제 견훤의 합류 등을 이끌어 한반도 역사에서 가장 바람직한 통일 모델을 만들었습니다. 단순히 적국의 리더나 백성만을 포용한 것이 아닙니다. 개성이 문화의 중심지가 됐다는 것은 경주 중심의 신라문화의 전국적 확대이며, 서경의 개척은 고구려 문화를 회복하는 명분과 기회였습니다.

또한 꾸준히 북방정책을 수행할 수 있는 기반을 조성했다는 점도 왕건의 위대함을 엿볼 수 있습니다. 이처럼 한 인물의 대표적인 업적만이 아니라 다른 업적들도 같이 놓고 보면 통찰력을 얻을 수 있으며, 새로운 사실을 스스로 발견하는 재미를 느낄 수 있습니다.

중국은
빨주노초파남보
입니다

우리나라 역사는 중국의 부침에 따라 요동치는 역사였습니다.

중국이 못살거나 힘이 없으면 자유로웠고, 중국이 부국강병해지면 다시 억압되는 식이었습니다. 중국의 중화주의 사상 때문에 급성장한 중국을 두려워하는 목소리도 있으나, 역사적으로 보면 현세대가 중국으로부터 가장 자유로운 세대입니다. 현재 중국이 경제대국 1, 2위를 차지한다고 해도 고려시대 때 명나라에 비해서는 그 위엄이 현격히 떨어집니다. 명나라가 위용을 떨치던 시대에는 전 세계에서 명나라를 대적할 만한 나라가 한 곳도 없었기 때문입니다. 최강자가 한 곳일 때와 다수일 때는 옆 나라가 갖는 두려움의 정도 면에서 차이가 엄청납니다.

그럼 우리나라는 언제부터 중국의 영향권에서 벗어났을까요?

청일전쟁에서 일본이 승리하면서 우리는 중국에서 벗어나 일본의

우보천리 동행만리

영향권으로 들어가게 됩니다. 1992년이 되어서야 중국과 국교 수립을 했으니 거의 100년이나 중국의 영향을 받지 않고 살아온 겁니다.

중국에 대해서는 실용주의 정신으로 접근하는 것이 현실적입니다. 그러기 위해서는 박지원이 중국을 바라본 시선을 차용하는 지혜가 필요합니다. 조선 정조 때 북학파의 거장으로 꼽히는 박지원은 《열하일기 熱河日記》로 우리에게 널리 알려진 실학자입니다.

조선은 청나라에 축하연이 있을 때마다 사신을 파견하였는데 그때마다 사신들은 연행록을 만들었습니다. 연경은 오늘날 북경으로, 북경을 다녀온 기록이 연행록입니다. 지금의 북경은 춘추시대에 연燕나라의 수도였던 까닭에 예부터 연경燕京이라고도 불렀습니다.

조선에선 청나라 즉 여진족의 나라가 황제 행세를 하는 것이 몹시 거슬렸습니다. 그래서 《열하일기》가 완성되기 전에는 '오랑캐 냄새가 나는 땅을 밟았다'는 식의 내용이 대부분이었으나 박지원은 기존의 연행록에서는 볼 수 없었던 청나라의 음악, 불교, 의술, 학풍, 도로 시설, 학문 등을 세세하게 정리하였습니다. 오랑캐 나라라고 무시하고 만 것이 아니라 신문물을 낱낱이 기록해 청나라를 보는 새로운 시선을 열어 준 것입니다.

이제 우리도 중국을 보는 눈을 새로이 해야 합니다. 박지원의 열린 눈을 우리도 가져야 할 때입니다.

한자는
두 번째 중국입니다

요즘 우리 국민이 싫어하는 나라 선두권에 중국이 있다고 합니다. 중국이 강대국의 힘을 믿고 우리나라에 지나치게 내정간섭을 하는 모습이 못마땅한 부분도 분명히 있습니다.

그러나 감정적인 요소를 줄이고 객관적으로 중국 문화를 이해할 필요가 있습니다.

언어에는 그 언어를 쓰는 민족의 정체성과 정신이 담겨 있습니다. 마찬가지로 한자에는 중국의 뿌리 깊은 얼이 담겨 있습니다. 십수 년 전쯤 중국 광서지방에서 열린 마케팅 대회에 참석한 적이 있습니다. 천 명 정도 되는 영업인이 청중으로 있었는데 상해에서 오기로 한 교수가 교통사고로 오지 못해 제가 강단에 섰습니다. 중국어를 전혀 못하지만 한자는 통하겠다 싶어 화이트보드에 한자를 써가며 소통했습니다.

저는 '食', '美' 두 한자를 화이트보드에 쓴 뒤 "쌀보다 중요한 뷰티 산업에 종사하는 여러분"이라며 강의를 시작하였습니다.

한자만 가지고 강의를 했어도 전혀 불편하지 않았습니다.

한자는 중국을 녹이는 힘입니다. 광동어와 북경어가 다르지만 글자는 같습니다. 중국은 워낙 나라 면적이 넓다 보니 지역마다 쓰는 사투리 종류도 무궁무진합니다. 그래도 큰 뜻은 동일합니다. 커다란 뜻은 한 민족으로서의 정체성을 유지하는 데 쓰면 되고, 지역마다 갖는 독특한 언어 양식은 지역 유산으로 발전시켜 나가면 됩니다. 설사 다르다 해도 걱정할 필요 없습니다. 다르게 해석하는 걸 우리는 창조라고 부르지 않습니까?

오늘날 미국을 견제할 만큼 중국이 성장할 수 있었던 건 인해전술을 쓸 수 있을 정도로 압도적인 인구수 때문만은 아닐 겁니다. 그 인구가 사용하는 언어의 힘, 창조의 힘 덕분입니다. 인구의 수를 아이디어의 수로 환원하여 보는 것도 중국의 창의성을 정량화하는 좋은 방법이 됩니다.

한자의 힘은 다양한 해석에 있습니다. 무지개를 빨, 주, 노, 초, 파, 남, 보로 정리해야 더 많은 아이디어가 파생될 수 있습니다. 다양한 해석이 가능하다는 것은 창조의 길이 갈래갈래로 만들어진다는 뜻이니 이것만 한 유산이 어디 있겠습니까. 중국은 '빨주노초파남보'입니다. 뭐든 만들어도 하나로 만드는 법이 없습니다.

일본 역사는 천황이냐, 막부 정권의 쇼군이냐라는 중심이 되는 권력에서 차이만 있을 뿐 '사무라이 정신' 하나밖에 없지만 중국은 유교, 도교, 불교를 저글링하듯 적절하게 사용하여 나라를 통치해 왔습니다. 꼭 이러한 통치 이데올로기가 아니어도 중국을 상징하는 봉황이나 용만 봐도 그렇습니다. 열 가지 동물의 장점만 뽑아서 만든 것이 용입니다. 상상의 동물인 용은 소수의 문화를 모두 녹여 더 강한 문화로 만든 중국의 무시무시한 융합의 힘을 상징합니다.

중국이 빨주노초파남보의 정체성을 갖게 된 건 어제오늘의 이야기가 아닙니다. 유나이티드 스테이트United States라고 하면 미국을 떠올리는데 중국, 로마, 미국 순으로 이 수식어를 가졌습니다. 중국을 보면 한

족이 단독으로 중원을 차지한 적이 거의 없었습니다. 이민족과 한족이 합쳐져 국가를 형성했고 전 세계를 호령하였습니다.

한국은
바람입니다

김용운 교수는 《풍수화》라는 책에서 한·중·일을 각각 바람·물·불로 비유하였습니다. 물과 불이 부딪히면 물이 꺼지거나 불이 꺼질 수 있지만 대체로 불이 꺼집니다. 반면 바람은 물과 불 양쪽에 이길 수도, 질 수도 있습니다.

바람은 물과 불 사이에서 강도 조절만 잘해도 생존이 가능합니다. 바람이 너무 세게 불면 불이 꺼지거나 물이 말라서 없어질 수 있으니 강도 조절을 하고, 물이 넘치려고 하면 불씨를 키워서 물의 과잉을 잠재우고, 불이 활활 타오르면 물이 불을 끌 수 있도록 바람의 방향을 조절하면 됩니다. 여기에 미국이 있으니 미국을 병풍처럼 사용하여 바람의 세기를 조절하면 중국의 중화주의 사상에 대응해 나갈 수 있습니다. 이것은 국제정치의 관점인 거고, 저는 기업가인 만큼 중국을 최대한 공부해서 실리를 챙겨야 한다고 생각합니다.

한국은 이미 유리한 조건에 서 있습니다. 한자가 통하는 국가가 중국, 한국, 일본입니다. 저는 이게 상당한 의미가 있다고 생각합니다. 동북아시아가 세계의 핵이 될 수 있으며 한국이 그 중심에 있기 때문입니다. 역사적인 맥락이나 지정학적 위치를 보면 한국과 중국은 긴밀해질 수밖에 없습니다.

이러한 이점과 더불어 국내에서는 다양성을 품는 문화가 정착되어야 합니다. 이제 우리도 단일 민족에서 차츰 다문화 국가로 바뀌고 있습니다. 이것을 불화로 만드느냐, 기회로 삼느냐는 우리에게 달려 있습니다.

미국은 젊은 인구가 끊임없이 유입되는 나라입니다. 아메리칸 드림이라는 보편 명제를 만들어놓은 건 우리도 배워야 합니다. 앞으로는 더욱 적극적으로 다양성을 받아들이는 사회가 국제 리더가 될 수 있습니다. 우리 사회도 다양성이 창의성의 원천이 될 수 있다는 커다란 합의만 이뤄도 더 큰 경쟁력을 누릴 수 있을 것입니다.

종교를
갖지 않는
삶에
대하여

오늘날의 사회 구조를 보면 레고 블록이 연상됩니다. 언뜻 보면 유기적으로 얽힌 완전체 같지만 막상 안을 들여다보면 레고 블록처럼 나뉘어 있어 외부에서 살짝만 건드려도 와해될 것만 같습니다. 문제는 하나로 묶는 역할을 하는 문화계, 교육계, 종교계까지 파편화된 인상을 지울 수 없다는 데에 있습니다. 이런 때는 넓이를 가져가는 게 위태로움을 조금이나마 상쇄하는 방법이 됩니다.

넓이를 갖기 위해서는 꽃병의 좁은 입구를 지나 바닥으로 내려가야 하듯, 사회 깊은 곳까지 관심을 둘 필요가 있습니다.

그런 맥락에서 종교에 대해 이야기하고자 합니다. 종교야말로 인문학의 모든 것이 담겨 있는 콘텐츠입니다.

불교 교리와 성경 등 종교를 공부하는 것은 좋아하나 특정 종교를 갖는 것은 지양하는 편입니다. 두루두루 살피고 공부하는 것이 편합니다. 종교란 무엇인가에 대해서도 끊임없이 질문을 던지고 성찰하는 시간을 가집니다.

'종교란 무엇인가?'

저는 종교에 대한 정의를 조금 넓게 가져가는 쪽으로 정리를 마쳤습니다. 주말마다 산사에 가서 불경을 외고, 교회에서 성경책을 펼치는 것만이 종교 활동일까요? 집이나 도서관에서 종교와 관련된 책을 읽는 것도 종교 활동입니다. 비어 있는 장애인 주차구역 앞에서 '주차를 할까, 말까' 고민하다 다른 곳에 주차하는 것, 소탐대실하지 않는 태도를 갖는 것 모두 종교 활동입니다. '착하게 살아야 나중에 복 받지'라는 사고는 내세와 연결되어 있습니다. 종교를 일상생활 안으로 들일 때, 우리는 인문학적 태도를 견지할 수 있습니다. 이처럼 각자 실천 가능한 선을 견지하는 삶이야말로 종교적인 삶이라고 생각합니다. 이는 사회 전체로 봐도 이득입니다. 착하게 살겠다고 다짐하는 사람이 백만 명만 모여도 한 나라의 질서는 저절로 잡힙니다.

사람과 사람을 연결해 주는 정情도 종교가 될 수 있습니다. 동양에서 말하는 천지인天地人 사상만 봐도 하늘과 땅 사이에 '사람 인人'이 존재합니다. 인간이 땅과 하늘을 매개하는데 이때 사용되는 도구가 덕이며, 덕은 정으로 실현됩니다.

기독교, 가톨릭, 불교, 이슬람은 신에 대한 개념만 다를 뿐 모두 '덕을 실현하라'는 공통된 주문을 합니다. 자비를 실천하고, 이웃을 사랑하는 식으로 말이죠. 용어와 형식만 다를 뿐 모두 덕을 주문하고 있다는 점에서 덕은 모든 종교의 콘텐츠입니다. 왜 그럴까요? 덕은 경전이나 종교를 뛰어넘어 그 전부터 존재한 시대 초월적인 가치이기 때문입니다. 노자와 공자가 살기 전에도 덕은 있었고, 불교와 기독교가 정립되기 전에도 도덕은 삶 속에 있었습니다. 문명이 발전함에 따라 도덕을 담는 그릇이 생겨난 것이고, 형태만 달라진 것뿐입니다.

독식하지 않고 공유하는 마음이
종교 활동입니다

"나는 반드시 죽을 것이다. 그렇다면 어떻게 살아야 하는가?"

《죽음이란 무엇인가》의 저서로 잘 알려진 예일대학교 철학과 교수 셸리 케이건Shelly Kagan이 던진 질문입니다. 또 그는 "인간은 죽음을 놓고 선택할 때 가장 순수한 결정을 내린다."라고 말합니다. 물러설 곳이 없는 데에 다다라야 우리는 쓸데없는 것을 버리는 용기가 나나 봅니다. 가장 먼저 무엇을 버려야 할까요? 스스로 버려야 할 목록을 정리해 보고 그 순서대로 욕심을 덜 부려보는 것도 삶의 지혜가 될 것 같습니다. 이처럼 죽음을 놓고 삶을 정리하는 연습, 이 역시 종교 활동입니다.

죽음 앞에서 무엇을 버려야 할지에 대해서는 개인차가 있을 테니 각자에게 맡기기로 하고, 저는 인류가 한 가지는 버렸으면 하는 것이 있습니다. 내가 먼저 가져야 한다는 생각, 좋은 것이 있으면 공유하기보다 독식하는 마음, 우리 동네에만 혐오 시설이 들어서지 말아야 한다는 님비 현상, 우리나라만 핵무기를 가져야 한다는 아집, 환경을 훼손하며 이득을 좇는 기업 등등입니다. 내 것이 제일이라는 생각 때문에 넓게는 세계 곳곳에서, 좁게는 집집마다 갈등이 끊이지 않는다고 생각합니다. 이처럼 종교를 종교로만 두지 않고 삶의 문제로 둘 때 삶 구석구석을 되돌아볼 수 있는 것 같습니다.

IS와 이슬람 문명은 별개입니다

이번에는 지면을 통해서라도 공유하고 싶었던 종교 이야기를 할까 합니다. 바로 IS와 이슬람 문명에 대해 우리가 갖고 있는 보편적 오해입니다. 2016년 3월 22일 벨기에에서 테러집단인 IS가 끔찍한 폭탄 테러를 일으켰습니다. 이후에도 곳곳에서 IS가 테러를 일으켜 정치와는 아무 관계 없는 시민들을 살상하고 있습니다. IS가 일으키는 테러는 한시라도 근절되어야 하나, IS가 곧 이슬람 문명이라고 생각하는 것은 경계해야 합니다. 아픈 역사일수록 '어떻게 볼 것인가'라는 프레임이 굉장히 중요합니다.

오히려 이슬람은 관용의 종교입니다. 국민의 95%가 이슬람을 믿는 터키에 가보면 성 소피아 성당이 있습니다. 세계 최고의 비잔틴 건축물이라며 치켜세우지만 저는 성 소피아 성당의 관용 정신에 엄지손가락을 세우고 싶습니다. 이탈리아, 스페인, 영국, 프랑스에 있는 대성당들과 달리 성 소피아 성당은 이슬람 문명과 더불어 기독교의 흔적인 모자이크 조각, 예수 성화가 공존합니다. 회칠만 되어 있을 뿐 기독교 문명을 없애지는 않은 것입니다. 너와 내가 함께 존재하는 것, 이것이 관계입니다. 성 소피아 성당은 이런 관계의 의미를 재현하고 있는 세계 유일의 성당입니다.

이슬람이라고 하면 한 손에는 칼, 한 손에는 쿠란(코란)을 들고 있는 모습이 연상됩니다. 하지만 이희수 교수의 책《이슬람》을 읽고 나서 이는 서양이 만든 도그마라는 것을 알았습니다.

이슬람뿐 아니라 인류의 역사에서 수많은 나라가 전쟁을 일으켰습니다. 이슬람 사람들은 유럽이 11세기에서 13세기에 걸쳐 일으킨 십자군전쟁에 대한 원한을 갖고 있습니다. 무려 200년 동안 걸쳐서 진행된 기독교와 이슬람 간의 전쟁이 바로 십자군전쟁입니다. 그런데 이 십자군전쟁은 넓은 땅을 갖고 싶어 하는 영주의 욕망, 전쟁으로 돈을 벌고자 한 유럽 상인의 욕망, 영주의 횡포에서 벗어나고자 하는 농민의 욕망이 일으킨 전쟁이기도 합니다.

두 세기나 걸쳐서 전쟁이 진행된다는 건 전 계층의 합의가 이뤄지지 않고서는 불가능한 일입니다. 우리가 일제 치하의 치욕을 잊지 못하듯 이슬람 사람들도 유럽에 대한 원망을 지우지 못하는 겁니다. 테러만 보고 이슬람 문명 전체를 왜곡하는 것은 올바른 역사 인식이 아닙니다.

IS가 일으킨 테러가 기사로 나올 때마다 우리나라 사람들도 관심을 갖고 지켜봅니다. 희생자에 대해서는 명복을 빌어주고, 테러를 일으킨 IS에 대해서는 비난을 쏟아냅니다. 이런 뉴스에 관심을 기울이고, 기꺼이 자신의 감정을 내주는 것. 이거야말로 우리가 잃어서는 안 될 가장 큰 '덕의 실현'이자 넓은 의미에서의 종교 활동입니다.

다산 정약용에게서
배우는
버릴 것과
택할 것

1만 시간의 법칙을 우리말로 바꾸면 '물밑이 터지는 시간'입니다. '물밑' 이라는 말을 사전에서 찾아보면 '어떤 일이 은밀하게 이루어지는 상태' 라는 뜻이 나옵니다. 은밀하게 이뤄진다는 말에서 1만 시간은 어떤 분야를 정통하는 데 필요한 최소한의 시간이지 충분한 시간이 아니라는 것을 알 수 있습니다.

그래도 이 시간이 중요한 의미를 지닙니다. 물밑이 터지는 시간이라도 가봐야 비로소 가면 안 되는 길이 보이기 시작하기 때문입니다. 선택하면 안 되는 길이 존재하긴 하지만, 가보기 전까지는 그 길이 맞는 길인지 틀린 길인지 알 수 없습니다. 그래서 많은 분이 선택하는 데 어려움을 느끼는 '햄릿 증후군'을 호소하나 봅니다.

무엇을 선택하고 무엇을 버려야 할지에 대해 기준점을 갖고 싶다면 정약용 선생의 가르침에서 힌트를 얻는 것도 나쁘지 않을 것 같습니다. 이 방법은 지금도 제가 꾸준히 사용하는 방법으로 30여 년 동안 한국콜마를 경영해 오면서 상당한 도움을 받았습니다. 저에게 다산 정약용은 '선택의 스승'이나 다름없습니다.

'시이해'의 미래가
'시이리'입니다

정약용은 시비是非와 이해利害로 의사결정의 질을 판단했는데 이를 4분면으로 만들면 아래와 같습니다.

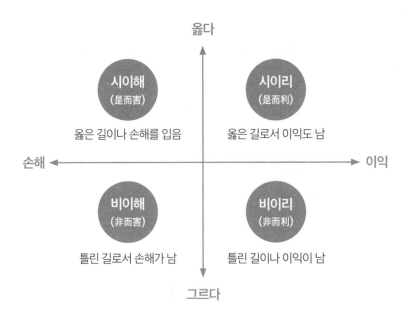

옳은 길이면서 이익도 나는 '시이리是而利'가 가장 최선이겠지만 현실에서는 처음부터 '시이리'를 선택할 상황에 놓일 확률은 낮습니다. 정도正道의 길을 걷겠노라고 하면 이상하게 이익보다 손해가 나는 '시이해是而害'로 접어들 때가 많습니다. 혼자만 바보처럼 사는 것 같고, 괜히 나만 손해 보며 사는 것처럼 느껴집니다.

그런데도 정약용 선생은 우리에게 '시이해'를 택하라고 합니다.

처음에는 손해나는 것처럼 보여도 종래에는 손해가 이익으로 바뀌는 '시이리'가 되기 때문입니다. 단지 '시이해에서 시이리'로 전환되는 데 일정한 시간이 걸릴 뿐입니다. 이 기간을 견뎌야 달콤한 열매를 맛볼 수 있는데 견디는 일이 또 만만치 않습니다.

대부분의 사람이 손해나는 것을 견디기 힘들어합니다. 미래에 커다란 이득을 챙기는 선택지와 당장 손해가 발생하지 않도록 하는 선택지 중 무엇을 선택할 거냐며 물어본 실험이 있었습니다. 많은 사람이 후자를 택했다고 합니다. 나중에 100만 원을 받는 것보다 당장 1만 원이라도 손해 보지 않는 편이 낫다고 하여 '손실 혐오'라는 용어까지 만들어졌습니다.

그래서 보통은 틀린 길인 줄 알면서도 이득이 나는 '비이리非而利'를 많이 선택합니다.

고속도로에서도 보면 막힌 길을 피해 갓길로 달리는 차량이 있습니다. 길게 늘어선 차량을 앞질러 갈 요량인데, 이렇게 되면 CCTV에 걸려서 과태료를 물거나 심한 경우 사고도 납니다. '꼭 그렇진 않던데요'라고 생각하는 분도 있을 겁니다. 사고가 나지 않더라도 나쁜 운전 습관을 갖게 되니 언젠가 사고와 맞닥뜨리게 될 가능성이 커 해를 입기는 매한가지입니다. 이런 경우 처음에는 '비이리'를 선택했더라도 그 끝은 틀린 길이면서 손해까지 보는 '비이해非而害'가 될 공산이 큽니다. 그러고 보니 '시이해'를 선택하면 종래에는 '시이리'가 되고, 또 '비이리'를 선택하면 '비이해'가 되니 인과관계라 할 수 있습니다.

원인	결과
시이해(是而害) ⟶	시이리(是而利)
비이리(非而利) ⟶	비이해(非而害)

그러니 새치기하는 사람, 도둑 주차하는 사람, 요령을 피워서 어느 정도의 자리에 올라간 사람을 부러워할 필요가 없습니다. 이런 사람들이 잘 먹고 잘사는 것처럼 보여도 결국에는 대가를 치르게 되는 것이 세상 이치입니다. 현명한 사람은 대가를 치르는 과정에서 잘못을 깨닫고 '비이리에서 시이해'로 전환하겠지만 욕심이 많거나 아둔한 사람이라면 '왜 재수 없게 걸린 거야'라며 퉁치고 맙니다. 반복해서 비이해를 선택하는 운명으로 스스로 몰아가는 겁니다.

'비이리'만 선택하면
놓치는 것들

왜 인사청문회에서 뭐 하나 부족할 게 없는 엘리트들이 고배를 마시겠습니까? 그들도 그때는 몰랐을 겁니다. 불법으로 전입신고를 하고 부동산 투기를 하고, 자녀를 군 입대시키지 않은 선택들이 전 국민에게 밝혀질 거라고 상상이나 했겠습니까? 눈앞의 달콤함만 좇다 보니 그냥 습관이 된 것입니다.

인생은 선택의 총량으로 결정된다는 말이 있습니다. 누구나 한두 번은 옳지 않은 선택인 줄 알면서도 이득이 보이는 '비이리'를 선택하며 살아갑니다. 그런데 비이리만 자꾸 선택하다 보면 다른 길이 주는 이득을 경험하지 못하게 됩니다. 꼭 이득이 나지 않더라도 '옳은 길'을 선택했다는 것 자체가 주는 순기능이 있습니다. 이런 인생은 리스크 관리가 자생적으로 되어서 큰 기회가 주어졌을 때 동아줄을 잡아도 탈이 나지 않습니다.

국민으로서 한 가지 소원이 있다면 청문회에 나가더라도 떳떳한 리더를 목격하는 일입니다. 손해가 나더라도 정도를 걸은, 시이해를 반복적으로 선택한 사람은 어느 날 갑자기 청천벽력 같은 일이 생겨도, 또 반대로 갑자기 대운이 들어와도 인생이 크게 흔들리지 않습니다. 그러니 지금부터 무엇인가 선택할 때 더 멀리 내다보고 '비이리'보다 '시이해'를 먼저 선택하는 습관을 들이길 권합니다. 사람 마음이란 게 한 번 낸 길로 걷고 싶지, 길이 나지 않은 곳으로는 걷고 싶지 않기 때문입니다. 처음 길을 낼 때 시이해 쪽으로만 내도 잘못된 선택으로 인해 인생이 망가지는 일이 생기지 않습니다. 다산 정약용이 우리에게 가져다준 지혜가 바로 이것입니다.

4장

이순신에게서
경영철학을 배우다

運籌

제승당은 이순신이 한산도에 진陣을 친 이후 늘 이곳에 기거하면서 휘하 참모와 장졸들을 모아 작전계획을 협의하였던 곳입니다. 지금 같으면 사령부 지휘소 정도겠습니다. 이곳은 이순신의 집무실로 원래는 운주당으로 불리었습니다. '운주運籌'란 '지혜로 계책을 세운다.'라는 뜻입니다.

〈난중일기〉에는 "모든 일을 같이 의논하고 계획을 세웠다.同論畫計", "온갖 방책을 의논했다.百爾籌策", "밤낮으로 의논하고 약속했다.日夜謀約"라고 기록돼 있습니다.

저는 '감히 올려다볼 수 없는 장군 앞에서 계급을 뛰어넘어 자유롭게 정보를 공유하고 작전을 논의하는 대목에서 운주당에 진정한 소통의 장이 형성됐다.'라고 생각합니다. 이것이 진정한 리더십의 모델이라고 믿습니다. 진정한 소통의 리더 이순신을 살펴 오늘의 위기를 타개할 방법을 생각해 보았습니다.

인문학의 정점에서
이순신을
만나다

요즘처럼 나라가 어려울 때마다 충무공 이순신의 탁월한 리더십을 기억하게 됩니다.

지금은 분열의 시대입니다. 이념으로 갈라지고 남녀노소로 갈라지고 빈부 간의 격차로 갈라지다 못해 학부모와 교사로까지 갈라진 세대입니다. 갈라진 것만 문제가 아니라 갈라져서 서로를 미워하고 반대를 위한 반대가 난무하는 세상이 된 것이 문제입니다.

물질적으로는 사는 것이 분명히 나아졌습니다. 우리나라가 세계 3대 주요 선진공업국으로 성장하면서 의식주 면에서는 우리 역사상 가장 좋아진 것도 사실이죠. 자동차 전기차 배터리, 선박, 반도체, 가전 등 못 만드는 것이 없는 자랑스러운 나라인데 정신적으로는 피폐해지다 못해 자살률이 OECD 1위 국이 될 정도로 살기 힘든 나라가 된 것도 부인할 수 없습니다. 이 분열의 나라를 치유할 방법은 없는 것일까, 이를 다듬고 보듬어 줄 지도자는 없는 것일까 심각하게 생각해 보게 됩니다.

저는 그 갈망에 대한 유일한 해답이 이순신이라고 믿습니다. 그는 동인과 서인, 연령, 지역과 신분 고하에도 차별 없이 대했던 보기 드문 정돈된 인격자였습니다. 삼도수군통제사로 적을 공략할 때는 추상같이 엄하고 담대했으면서도 백성을 대할 때는 한없이 따뜻했습니다.

전사한 군졸을 위해 제문을 지으며 '내 탓'이라고 가슴을 쳤고 소小빙하기 강추위에 벌벌 떠는 선상의 수군을 염려하느라 전투 중에 육지에 거의 내리지도 않고 불편한 선상에서 잠을 청했습니다. 고위직의 농단에는 서릿발처럼 강하게 대처하면서도 굶어 죽는 백성들을 바라보며 가슴 아파했습니다. 수군 병졸이나 의병, 어촌의 촌로 이야기에 귀를 기울였고 그들을 위로하며 생사를 같이했습니다.

이런 연유로 이순신이야말로 분열된 이 나라를 치유하는 가장 좋은 해법이자 치료약이라고 믿는 것입니다.

분열된 나라의 위기를 잠재울
단 한 분의 영웅

그동안 인문학을 공부하면서 점점 빠져든 분이 바로 이순신입니다. 이분은 최근 10여 년간의 설문조사에서도 입증되었듯이 우리 국민이 가장 존경하는 분입니다. 우리 국민은 자신의 정체성이나 이념, 빈부 격차와 관계없이 이순신을 가장 존경해 온 겁니다.

이순신은 전국에서 사랑받아 온 분입니다. 현충사가 있어서 장군을 아산 사람으로 아는 경우가 많은데 서울 충무로 옛 건천동(명보아트홀 부근)에서 태어나 열 살 무렵까지 살았고 부모님과 아산으로 이사해 문과에서 무과로 방향을 바꾸었으며 마침내 무과에 급제하고 무신의 길을 걸었습니다. 서울, 함경도, 전라도, 경상도, 충청도 어디서도 자기 연고를 주장할 수 없습니다. 그야말로 전국구입니다.

그래서 이렇게 어렵고 복잡한 시대를 구원해 줄 위대한 리더, 전 국민이 존경할 수 있는 영원한 국민적 스승으로 자리 잡게 된 겁니다.

어느 누가 이 나라를 이끌어도 어려움은 계속될 겁니다. 그렇다고 이순신을 역사 속에서 다시 불러낼 수도 없는 일입니다. 그래서 저는 이순신의 삶과 철학을 널리 전파하며 작은 이순신을 널리 보급하는 운동을 펼치고 있습니다.

(사)서울여해재단 부설 이순신학교는 우선 기업인들부터 변화되어야겠다는 생각으로 지난 2017년부터 계속해 온 순수 민간 차원의 맑은 옹달샘 운동입니다.

비록 작은 물줄기이지만 이 맑고 청량한 샘에서 흘러나가는 물줄기가 언젠가는 한강·낙동강처럼 불어나면서 온 나라에 맑고 건강한 작은 이순신이 곳곳에 세워지기를 기대하는 것입니다.

당파와 이익에 따라
줄을 섰던 시대

조선시대에도 지금 상황과 비슷한 측면이 있었습니다. 당쟁이 심해지면서 맞는 것도 틀리다 하고 틀린 것도 맞다 하면서 자신이 속한 집단의 이익을 위해, 자신의 이익 실현을 위해 갈가리 찢어져 있었습니다. 여러분도 잘 아시는 것처럼 일본이 조선을 침략한다는 흉흉한 소문이 나돌자 이를 확인하고 살펴보기 위해 조선통신사가 일본으로 떠났습니다. 정사 황윤길, 부사 김성일 등으로 구성된 조선통신사는 실컷 일본의 형편을 살펴보고 돌아본 뒤 서로 엇갈린 주장을 하며 나라를 혼란에 빠트렸습니다.

다행한 것은 이때 이순신이 정읍 현감을 거쳐 전라좌수사로 부임해 있었다는 점입니다.

1591년 전라좌수사로 좌수영이 위치한 여수에 도착하자 이순신은 곧바로 전쟁에 대비하기 시작했습니다. 군기를 점검하고 병참을 살피며 화약과 대포, 활과 화살을 스스로 준비하며 만에 하나 군수물자가 부족하지는 않을지 매일 점검했습니다.

우리가 익히 아는 거북선은 임진왜란이 발발하던 1592년 4월 13일에 하루 앞서 완성했습니다. 거북선이 왜군이 가장 두려워하던 전투함이었다는 것은 널리 알려져 있습니다. 이처럼 장군의 유비무환의 자세는 아무리 강조해도 지나치지 않습니다.

거북선을 건조한 후에는 선상에서 지자포地字砲와 현자포玄字砲를 시험 발사하고 군사들에게 활쏘기 훈련을 시키며 만일에 있을 전쟁에 대비했습니다.

> 날이 저물어서야 방답에 이르러 공사례公私禮를 마치고 무기를 점검했다. 장전長箭과 편전片箭은 쓸 만한 것이 하나도 없어서 걱정했으나 전투선은 어느 정도 완전해서 기쁘다.

장군의 〈난중일기〉 기록입니다. 장전은 궁수들이 쓰던 긴 화살, 편전은 작고 날렵한 화살입니다. 〈난중일기〉에는 나라를 염려하며 조정을 걱정하는 그의 충효의 애국애민 사상이 곳곳에 나타나 있으며 전쟁 준비에 최선을 다하는 장군의 모습이 가감 없이 기록돼 있습니다.

잠시 이순신의 무제(제목없음) 시 한 편을 살펴보겠습니다.

獨依樓上(독의누상)
혼자 수루에 의지해
念國勢危如朝露(염국세위여조로)
나라 정세가 아침 이슬같이 위태로운데
內無決策之棟樑(내무결책지동량)
안에는 정책을 결정할 만한 기둥 같은 인재가 없고
外無匡國之石柱(외무광국지석주)
밖으로는 나라를 바로잡을 주춧돌 같은 인물이 없으니

未知宗社之終至如何(미지종사지종지여하)

종묘사직이 끝내 어디에 이를지 알지 못하겠다

이 시를 지은 날은 명량해전 이태 전인 1595년 7월 15일입니다.

이순신 홀로 누대에 올라앉아 있으려니 온갖 상념이 스쳐 지나갔을 겁니다. 이 시를 지은 다음에는 마음이 어지러워 종일토록 누웠다 앉았다 했다고 기록했습니다. 잠 못 이루고 나라 걱정에 뒤척이는 이순신의 모습이 역력하지 않습니까?

이순신은 나라 걱정, 백성 걱정으로 잠을 이루지 못한 진정한 애국 지사였지만 거기서 멈추지 않고 구국의 방편을 스스로 생각하고 해결책을 준비한 실천적 영웅이었습니다.

우보천리 동행만리

국가로부터 아무런
지원도 없이
스스로 준비하다

이순신은 초유의 국난 임진왜란을 극복하기 위해 꼭 필요한 최소한의
도움도 전혀 받지 못한 고달프기 짝이 없는 지휘관이었습니다. 그런데
도 그는 전란을 예측하고 본격적인 대비에 나서기 시작했고 전선을 수
리하고 총포와 화약을 보충하여 전쟁 준비를 대부분 마쳐놓고 있었습
니다.

　여기서 주목할 것은 온 나라가 전쟁은 없을 거라는 근거 없는 낙관
론에 빠져 있을 때 홀로 화약을 주조하고 전선(판옥선)을 정비하며 군사
훈련을 치열하게 했다는 점입니다. 게다가 세계해전사상 결코 볼 수 없
었던 거북선을 건조하여 전장에 투입한 점도 경이롭습니다. 그를 돕는
조방장으로 31살 연상의 정걸 장군을 초빙한 대목에 이르면 놀라워서
입이 막힐 지경입니다.

수군에 아직 서툰 자신을 도울 참모로 이미 산전수전 다 겪은 해상 전투의 고수를 초빙해 도움을 청한 겁니다.

정걸 장군의 도움을 받은 이순신이 개전 초기 옥포해전, 당포해전, 부산포해전 등에서 일본 수군을 차례로 격멸한 이야기는 너무도 많이 알려져 있습니다.

철저한 준비만이
위기를 막아낸다

이순신은 전라좌수사로 임명받은 후 좌수영 현지에서 제일 먼저 썩고 부서진 전선을 수리하고 5관 5포의 뛰어난 장인들을 불러 대·중·소 전선을 중수하기 시작했습니다.

원래 조선 초기 주력 전선은 맹선(사나운 선박이라는 뜻으로 판옥선 전신) 이었습니다. 맹선에는 군사 80명이 승선할 수 있었습니다. 왜선의 기동성이 워낙 뛰어나고 방어가 어려워지자 1566년 조선 수군의 주력 전선을 모두 정걸 장군이 개량한 판옥선으로 교체했습니다. 이순신은 이를 바탕으로 거북선을 건조, 수군 주력 전투함으로 활용하기 시작한 겁니다.

왜군의 주력선인 세키부네는 함포를 주력으로 하고 높고 먼 거리에서 총포를 쏘는 전술을 구사하는 조선 수군에 쉽사리 덤비지 못했습니다.

이순신의 빼어난 리더십을 또 한 가지 확인할 수 있는 것은 탁월한 조선 기술자를 찾아낸 점입니다.

나대용은 1583년(선조 16) 무과에 급제하여 훈련원봉사訓鍊院奉事를 지냈고 이순신에게 찾아오기 직전에는 고향에 낙향해 있었습니다. 1591년 전라좌수사 이순신의 막하에 군관으로 들어오고 나서 거북선 건조에 참여하고, 임진왜란이 일어나자 참전하여 여러 해전에서 공을 세운 인물로 조선 수군에 꼭 필요한 인물이었습니다.

특히, 1592년 옥포해전에서 유군장遊軍將을 맡아 적의 대선 2척을 격파하고, 사천해전에서는 분전 끝에 총탄을 맞아 전상을 입고 한산도해전에서도 재차 부상을 당했을 정도로 용맹한 장수였으니 그를 발탁한 시각이야말로 대단하다고 하지 않을 수 없습니다.

또 이순신에게는 그를 돕는 숨은 영웅이 많았습니다.

전라좌수사 시절 그의 탁월한 리더십에 매료돼 함께 생사를 같이하기로 한 이순신의 조력자들은 한마음 한뜻으로 임진왜란 초기 전라좌수영의 성과를 만들어냈습니다.

전라좌수군의 1차 출전 때를 보면 낙안 군수 신호, 보성군수 김득광, 흥양현감 배흥립, 광양현감 어영담, 방답첨사 이순신李純信, 사도첨사 김완, 본영군관 나대용, 녹도만호 정운, 돌격장으로 본영군관 이언량, 초계 변씨 친족인 변존서 등 쟁쟁한 인물들이 두루 참전하여 제1차 옥포해전을 성공리에 승전하게 됩니다.

당시 조정에서 누구를 내려보냈어도 이런 탁월한 인사책을 보여줄 수는 없었을 것입니다.

1차 해전에서 조선수군은 대중소선을 합해 42척이 넘는 일본의 군선을 분멸했습니다. 이때 기록으로는 전라좌수군이 37척, 경상우수군이 5척을 분멸한 것으로 나와 있습니다. 전라좌수군이 거둔 이 승전으로 인해 이순신의 훈련과 가르침을 받아온 좌수영 장병들은 큰 용기와 자신감을 가졌을 겁니다. 그야말로 유비무환의 준비 자세는 승리를 보장해 줍니다.

기업을 경영하다 보면 인사정책만큼 중요한 것은 없다 싶습니다. 수많은 이들이 저와 만나고 헤어졌습니다. 그중에서 지금까지 저와 같이 한국콜마를 책임지고 있는 분들이 여전히 다수 있습니다. 동료 없이 이만큼 오지 못했을 터이니 이들이야말로 우리 회사로 보면 회사를 살려오고 지켜온 위대한 동지라고 할 겁니다.

그분들을 대할 때 늘 이순신을 생각합니다. 그가 보여준 경영철학을 배우며 30여 년을 이만큼 왔으니 따지고 보면 저만큼 이순신에게 가르침을 받은 이도 없다 싶습니다.

원활한 군수보급이
승리의 원천

장군은 전쟁에 임하면서 군인을 먹이는 문제를 깊이 살폈습니다.

당시 수군 장수들은 조정 지원이 사실상 전무했기 때문에 병사를 모으고 먹이는 일부터 진지를 수리하고 함대를 정비하며 군량미와 병장기에 화약을 조달하는 일이 대단히 중요했습니다. 그렇기 때문에 조정에서 주지 않으면 어쩔 수 없이 백성들로부터 물자와 식량을 빼앗을 수밖에 없는 악순환의 고리에 빠져 있었습니다.

그런데 이순신은 완전히 달랐습니다.

제가 이순신에게 매료된 가장 큰 이유는 이렇게 그가 조정의 도움 없이 스스로 일어설 수 있게 산업을 일으키고 한산도 진영을 거대한 하나의 군수기지로 변모시켰다는 점입니다.

《이순신 수국 프로젝트》를 집필한 장한식 교수(이순신학교 초빙교수)는 이순신이 원균이나 권율, 곽재우 등 다른 장수들보다 크게 성공할 수 있었던 핵심적인 이유를 '경제'를 이해했다는 점이라고 보았습니다.

그는 먼저 해변의 여러 고을을 수군 전속으로 돌려 타군이나 외부의 장수들 영역으로부터 독립시켰습니다. 여기에 해변에 버려진 수많은 땅을 개간하고 광범위한 둔전을 개발하도록 했습니다. 군인도 먹어야 전투가 됩니다. 전쟁에서 가장 중요한 것은 보급물자입니다.

먹이고 입히고 무기를 대줘야 전쟁이 가능합니다. 이순신의 연전연승의 밑거름이 된 것은 바로 자급자족의 환경을 이루어냈다는 점입니다.

도요토미 히데요시의 명나라 정벌 꿈이 깨진 것도 이순신이 일본의 보급로를 끊은 덕분입니다. 육지에서 한양과 평양을 점령하며 파죽지세로 치닫던 왜군들이 발이 묶이고 패퇴하게 된 것도 이순신의 연승 덕분입니다.

삼도수군통제영의
기초를 마련하다

둔전이란 조선 시대에 군량을 충당하기 위하여 변경이나 군사 요지에 설치한 토지를 말합니다. 이순신은 이곳을 통해 식량의 자체 조달을 가능케 했습니다. 그곳에서 산출하는 양식을 통해 물물 교환 형식으로 막대한 전비 조달이 가능해졌습니다. 그리고 바다와 육지의 산물을 대대적으로 찾아내 전비에 충당토록 한 것도 놀라운 일입니다.

과메기를 비롯한 물고기, 미역, 김, 파래, 다시마, 조개류를 식량화하거나 육지 농산물과 교환하니 군사와 백성의 굶주림이 해결되었습니다.

당시에는 왜구가 출몰한다고 해서, 섬을 비워두는 공도空島 정책을 시행하고 있었습니다. 이에 조정에 건의해 200년간 계속해 온 공도 정책을 바꾸어 돌산도, 흥양 도양목장, 강진 고금도, 해남 황원곶 등을 둔전으로 개발하는 놀라운 성과를 보여주었습니다. 그 밖에도 해로통행첩 운용이나 염전 경영, 전선 건조, 총통 제작, 화약 무기류 제조 등의 성과를 거두었던 점도 기억할 만한 일입니다.

'이순신' 하면 명량·한산·노량해전 등 전투만 생각하는 이들이 적지 않은데 사실 이 모든 전투의 승리는 그가 경제경영의 관점으로 군수물자의 전투에서 승리했기 때문이라는 점에 주목할 필요가 있습니다.

이 일이 후일 300년간 통영 12공방의 탄생 기반이 되었고 그 자취가 지금도 통영 땅에 전해지는 것이니 이순신에 대한 연구는 파고들수록 감탄하지 않을 수 없습니다.

우보천리 동행만리

지금 세계가 전쟁과 인플레와 이상기후로 몸살을 겪고 있는 상황 속에서 온통 남 탓만 하는 지도자들이 수두룩합니다. 500년 가까이 지난 지금도 이순신의 경영 리더십이 더욱 그리워지는 시절입니다.

이순신
경영철학의 본질은
깊은 통찰력

통찰력洞察力이란 사물이나 현상을 환히 꿰뚫어 보는 능력을 말합니다.

통찰력을 좀 더 다른 시각으로 말하자면 특정 대상이나 사안을 일반적인 시각 이외에 다른 시각에서 볼 수 있는 능력을 의미한다고 할 수 있습니다. 그래서 '이건 도저히 안 돼' 하며 거의 대부분 사람이 포기하는 것도 통찰력을 지닌 리더들은 '할 수 있다'고 생각하게 되는 겁니다. 그런 면에서 이순신은 확실히 다른 사람들과는 구별되는 측면이 있습니다.

대단히 감상적인 면도 있고 정情도 많고 아주 예민하고 섬세하며 감정 변화도 적지 않은데도 불구하고 그의 생애를 깊이 들여다보면 관통하는 하나의 흐름이 있는데, 바로 통찰력입니다.

그는 전쟁이라는 극단적 상황 앞에서도 대단히 침착합니다. 침착하면서도 냉정합니다. 그는 사물을 깊이 생각하고 상하좌우 주변에서 얻을 수 있는 모든 정보를 모은 후에 결론을 내리고 해결책을 생각해 내곤 했습니다.

그 대표적인 해상전투가 명량해전입니다. 이미 영화로 많이 보셨을 테니 자세한 설명은 생략하겠습니다.

이순신을 공부하며 느낀 점은, 그분은 희로애락의 감정을 결코 숨기지 않았다는 겁니다. 점잔빼고 거들먹거리지도 않았고 애써 슬픔을 감추지도 않았습니다. 자신의 감정에 솔직했고 한편으로는 이를 추스르며 나라와 백성을 안타까워했습니다.

그러면서도 감정에 휘둘리지 않고 냉철한 시각으로 전쟁에 임했습니다. 그 혼란 속에서 그가 보인 통찰력은 우리 역사에 전무후무한 승전의 기록을 만들어내게 됩니다.

그가 모함으로 인해 삼도수군통제사로부터 해임되고 옥고를 치르며 간신히 목숨을 구원받았을 때 선조는 그에게 백의종군의 명령을 내립니다. 보직 해임된 장군은 도원수 권율을 찾아 초계땅으로 내려가며 불타버린 전국 곳곳을 살피고 대책을 고민하게 됩니다. 이미 원균이 이끄는 조선 수군은 칠천량 전투에서 모든 것을 잃어버리고 철저히 궤멸당했습니다. 거북선도 전선도 다 타버리고 남은 것은 간신히 난을 피한 12척의 전선밖에 없었습니다. 선조는 하는 수 없이 도중에 그를 삼도수군통제사로 재임명합니다.

1597년 2월 이순신이 통제사에서 파직되고 원균이 통제사로 오른 다음 우리가 다 아는 대로 칠천량에서 완전히 무너짐으로 인해 한산 통제영은 불에 타 소멸해 버렸습니다. 장군이 그동안 공을 들여 조성해 두었던 모든 군량과 군수기지, 요새화된 통제영이 모두 잿더미가 되었습니다. 그러나 장군은 실망하거나 좌절하지 않고 다시 삼도수군 재건에 나섭니다.

육군과 합치라는 선조의 턱도 없는 지시를 거절하고 보낸 장계는 지금도 유명합니다.

今臣戰船 尙有十二(금신전선 상유십이)

신에게는 아직 12척의 배가 있사옵니다.

결전의 의지를 담은 장계를 임금께 올린 이순신은 흩어진 군사를 불러모으고 의병과 어민들의 도움을 받아 결전에 나서게 됩니다.

그는 과연 이 전투에서 이길 수 있다고 생각했을까요?

저는 어렵지만 최선을 다하면 승전할 수 있다고 믿었을 것이고 부하 장졸들에게도 그리 이야기했을 것이라고 생각합니다.

그는 돌아가신 어머니 초계 변씨의 친인척 등 현지에서 얻을 수 있는 병력을 모아들이고 그들을 중심으로 다시 전략을 짭니다. 일본군은 사기도 드높고 용맹한 데 비해 조선 수군은 칠천량에서 패퇴한 이후 사기가 바닥입니다. 이순신은 전선 및 병력의 부족으로 일본 수군의 공격에 대비해 지리적 이점이 아니면 이길 수 없다고 판단하여 수군 본부를 벽파진에서 전라우수영으로 옮겼습니다.

　이순신은 남해와 서해의 거친 조류가 통과하는 좁은 길목인 울돌목을 활용하기로 했습니다. 이곳으로 일본군을 끌어들여 일시에 궤멸하고자 한 것입니다.

　이런 지리적 이점을 택한 이순신의 군사 전략은 통찰력 말고는 설명하기 어렵습니다. 수많은 첩보를 듣고 그 속에서 쓸 만한 정보를 추려낸 후 택해야 할 솔루션을 정확히 찾아내는 능력은 우리 역사 위인 중에서 이순신만 한 분이 없습니다. 육군과 수군 중에서 아무도 도울 병력은 없습니다. 권율도 속수무책 도울 도리가 없습니다. 조정은 무능하고 어떤 군수지원이나 도움을 줄 형편이 안 됩니다.

　그런데도 그는 절체절명의 위기 앞에서 스스로 선봉이 되어 왜군과 당당히 맞섰습니다. 그의 용기와 담대함이 너무도 존경스럽습니다.

중과부적
133척의 일본 수군을 격멸하다

왜군은 이순신의 삼도수군통제사 재취임을 들었을 겁니다. 바로 제압하지 않으면 다시 해상을 빼앗길 우려가 있다고 판단했는지 133척의 대선단으로 공세를 취해 왔습니다. 조선 수군은 불과 13척의 배로 울돌목의 좁은 수로에서 진을 치고 적의 수로 통과를 저지했는데 조류의 방향이 바뀌면서 당황하는 일본 수군을 대포로 공격하고 적장 구루시마의 목을 베어 사기를 높이며 총공격을 감행했습니다. 이에 당황한 왜군은 큰 손실을 입고 대패하여 달아났습니다.

이 싸움으로 조선군은 다시 제해권을 확보할 수 있었으며, 이후에 전남 해안을 돌아 서해로 나가려던 해상보급 작전을 완전히 포기하지 않을 수 없었습니다.

명량 승전은 군사적으로는 절대 불가능한 기적 같은 승전입니다. 사전에 지리적 이점을 철저히 파악했고 거센 조류를 헤치며 수군의 군기를 완벽하게 장악한 장군의 리더십이 빛나면서 13 대 133척의 거짓말 같은 승전보가 명량에서 울려 퍼졌습니다. 어머니가 돌아가시고 그 슬픔을 승전의 시너지로 불러내 풍전등화의 조국을 지켜냄으로써 일본 수군의 기를 꺾어버린, 결정적 전기를 마련했습니다.

이후 왜군은 복수의 칼날을 갑니다.

1597년 명량대첩 이후에도 돌아갈 기지가 마땅치 않았던 이순신은 서남해안에 대한 왜군의 복수와 공세, 그리고 무기 식량 화약 등 군수 확보와 군사들의 휴식, 백성들에 대한 용기 부여 등을 고려하여 여러 곳으로 전전하며 유랑 시절을 보냈습니다.

명량해전 다음날인 9월 16일 당사도(현재 암태도), 17일에는 어외도로 북상했고 여기서 피난선 300여 척을 만나 양식을 얻어 군사를 먹였습니다. 눈물겨운 후퇴였지만 사실 재기를 위한 발판 마련의 길이기도 했습니다.

여기서 다시 칠산도, 법성포, 홍농, 위도, 고차도, 고군산도 등 무려 42일 동안 서해의 섬이나 포구를 떠돌다가 1597년(선조 30) 10월 29일

목포 보화도(오늘날 고하도)로 통제영을 옮겼습니다. 유랑극단처럼 이 섬 저 섬을 떠돌며 조선 수군을 지키고 키워내려는 눈물겨운 몸부림이 계속됐습니다.

이후 보화도(1597.10~1598.2)에서 해로통행첩을 만들고 통제영과 백성이 공존하는 시대를 열었습니다. 체력을 키우며 왜군의 공격을 대비했던 겁니다.

군사전략도 중요하지만 병사를 먹이고 입히고 군수물자를 제공하는 기반을 마련해야 전쟁에서 승리할 수 있습니다. 이 모든 부분, 부분의 완벽함이 모여 삼도수군통제영의 승리 기반이 설 수 있었고 이 전통이 생기면서 이순신이 후임 통제사들의 경영 모델이 될 수 있었기에 이후 300년간 왜적이 조선을 함부로 대하지 못했습니다.

지속 가능한
성장모델을
제시하다

요즘 기업의 화두는 기업의 지속성장입니다.

최근 기업의 성장과 지속 가능한 경영은 현대 경제 환경에서 가장 핵심적인 경영의 고려 사항 중 하나로 부각되고 있습니다. 자원전쟁과 자국 이기주의, 환율전쟁, 무역전쟁 등 도처에 지역전투, 글로벌 전쟁이 벌어지고 있는 상황이라 기업들은 빠르게 변화하는 불확실한 시장에서 경쟁력을 유지하고 발전하기 위한 전략을 찾기 위해 부단히 노력하고 있습니다.

저는 기업의 경쟁 우위를 확보하고 지속 가능한 성장을 위해 배워야 할 모델로 이순신의 경영 철학을 꼽고 싶습니다.

이순신이 치열하게 살았던 16세기 말 동아시아 환경이나 지금의 환경이 크게 다르지 않다고 봅니다. 모두가 이합집산하고 정치적, 경제적

이득을 위해 각개전투를 벌이고 있습니다.

그 시절에도 조선과 명나라, 일본 모두가 그랬고 전쟁에 임한 장수들도 혼돈 속에 살길을 찾기 위해 몸부림을 쳤습니다.

그런데 이순신은 달랐습니다. 저는 오늘 그 부분을 들여다보자고 말씀드리고 싶습니다.

칠천량 전투 이후 이순신이 임시 지휘부를 개설하고 전투를 준비 하려다 보니 꼭 필요한 군사와 군량이 턱없이 부족했습니다. 이에 참모들의 건의를 받아들여 피난민을 군사로 활용하자고 제안했습니다. 당시 전란을 피해 섬으로 흩어져 있던 백성 중에서 장정들을 구할 수 있으리라고 여겼기 때문입니다. 이로써 먼저 피난민들을 정착시키고 안전하게 보호한 후에 그들의 일부를 군사로 활용할 수 있었습니다.

절묘한 한 수
해로통행첩의 발행

이때 해로통행첩을 실시해 군량미 보급을 실현했다는 이야기도 나옵니다. 류성룡의 《징비록》에는 고금도로 표기된 글에서 다음의 내용과 같은 기록이 있습니다.

이순신에게는 이미 군사 8,000여 명이 있어서 고금도에 나아가 주둔하였는데, 식량이 궁핍할 것을 근심하여 해로통행첩을 발행하면서 명령하기를 '3도(경상, 전라, 충청)의 연해를 통행하는 공사公私 선박으로 통행첩이 없는 것은 간첩선으로 인정하고 통행할 수 없게 한다.'고 하였다.

이로써 난을 피하여 배를 탄 사람들은 모두 통제영으로 모여 와서 통행첩을 받았다.

이순신은 배의 크고 작은 차이에 따라서 쌀을 바치고 통행첩을 받게 하였는데, 큰 배는 3섬, 중간 배는 2섬, 작은 배는 1섬으로 정하였다. 이때 피란하는 사람들은 재물과 곡식을 다 싣고 바다로 들어오는 까닭으로 쌀 바치는 것을 어렵게 여기지 않았으며 통행을 금하는 일이 없는 것을 기뻐하였다. 그래서 10여 일 동안에 군량 1만여 섬을 얻었다.

이로써 장군은 군량미를 얻고 백성과 왜군 첩자를 막을 수 있었으며 농민, 어민 등 피난민들은 수군으로부터 생명을 보호받을 수 있는 길이 열린 것이니 신의 한 수라는 말이 딱 어울립니다.

이순신은 서해안의 여러 섬과 포구를 살피면서 적합한 지역을 찾다가 보화도(고하도)를 새로운 통제영으로 선택하고 1597년(선조 30년) 10월 29일부터 108일을 머물렀습니다. 〈이충무공 유허비〉의 기록에 나오는 구절입니다.

옛날 선조 정유년(1597)에 통제사 이충무공이 병란을 맞이하여 병사들과 함께하였다. 전쟁이 계속되는 가운데 군량미가 가장 큰 문제였다. 이에 군량미를 비축할 수 있고 전선을 정비할 만한 곳을 찾던 중 얻은 곳이 나주 고하도이다. 이순신은 곳곳의 전진戰陣에 남은 곡식을 이곳(고하도)에 쌓도록 한 다음 군사를 모집하여 둔屯에 들게 하고 별장別將으로 하여금 관리하도록 하였다. 대체로 이 섬(고하도)은 남쪽에서 서쪽으로 이어지는 바다의 길목에 위치하여 오른편으로는 영남에 연하고, 왼편으로는 서울로 연결된다. 가깝게는 군사들에게 식량을 공급할 수 있어 승리를 기약함이요, 멀리는 행재소行在所에 곡식을 제공하는 데 궁색하지 않음이라……(생략)

고하도는 서남해 도서지역의 해산물과 나주 등 내륙지역의 농산물을 교환하기에 적합한 요충지였기에 장군이 고하도에 영營을 설치한 것입니다.

나주진사 임선, 임환, 임업 등이 와서 수군이 승리한 것을 알고 다투어 치하하고 많은 양식을 가져와 군사들에게 주었다. 해남에 있던 군량 322섬을 실어 왔다. 영암군수 이종성은 밥을 30말 지어 일꾼들을 먹이고 군량미 2백 섬과 벼 7백 섬을 바쳤다. (이상 이수정 논문에서)

이순신의 해로통행첩은 조금 앞선 시기 포르투갈이 사용했던 카르타스Cartaz(일종의 통행첩)와 비교됩니다. 카르타스는 대항해시대 포르투갈 상인들이 현지 상인들에게 돈을 받고 특정 항로를 안전하게 항해할 수 있는 권리를 부여한 것이지만 수탈을 목적으로 했다는 점에서 이순신의 해로통행첩과는 목적부터 다릅니다.

108일의 체류기간 후 이순신은 1598년(선조 31) 2월 17일 추위가 물러나는 봄이 되자 남해의 완도 고금도로 통제영을 옮겼습니다.

전투보다 더 중요한 수군정비, 고금도 통제영

수군 정비가 본격화되자 이순신은 통제영이 들어설 만한 곳을 찾기로 했습니다. 고금도 군영(1598.2~1598.11)이었습니다. 이해 이순신은 2월 17일 보화도에서 100㎞ 떨어진 전남 강진 앞바다의 고금도로 진을 옮겼는데 서부는 봉황산(鳳凰山, 215m), 덕암산(德巖山, 189m) 등 200m 내외의 산지가 발달하였고, 동부와 남부에 좁은 평야가 산재해 있었습니다. 주요 농산물은 쌀·보리·참깨·마늘 등이며, 연안의 간석지에서는 굴·김·미역 등이 생산되니 어느 정도 식량 자급이 가능한 곳이었으며 위치적으로는 방어가 쉽고 공격하기에는 어려운 천혜의 요새였습니다.

고금도 시절은 비록 일 년도 못 되는 짧은 기간이었지만 새로운 수국水國 환경을 만들었다는 점에서 큰 의의가 있다고 하겠습니다. 섬은 한산도보다 2.8배나 크고 해로통행첩과 둔전에서 거둬들이는 군량미가 막대한 물량이 되었습니다.

군선을 건조하는 데 무리가 없었고 백성들이 몰려들면서 생업에 걱정이 없어지자 물류와 경제가 살아났습니다. 이로써 삼도수군통제영이 하삼도의 실질적인 경제 유통의 중심지가 된 셈이었고 해상왕국의 기지가 되었습니다.

저는 이러한 이순신의 통제영 경영에서 기업 경영철학을 배웁니다.

전방위적 도전이 몰려오는 오늘날, 이순신이 보여주었던 적극적이고 도전적인 준비 자세는 기업의 갈 바를 보여준다고 하겠습니다. 일어날 모든 가능성을 살피고 스스로 할 수 있는 모든 준비를 마쳐 두었기에 그는 위기에도 초연하게 맞설 수 있었습니다.

그를 시기하고 질투하며 괴롭힌 조정 내부의 적들이 얼마나 많았겠습니까? 그런데도 그는 옳다고 믿는 일에서는 물러서지 않았습니다. 당장의 근사한 모양새나 혀로 아첨하는 미사여구의 칭찬, 시시때때로 조정에서 쏟아져 내려오는 비난과 조롱에도 굴하지 않았습니다.

그것이 이순신의 강점이요, 문제 해결책이었습니다.

나라와 기업을 살리는
최강 해법, 주인의식

경영의 성패는 임직원이 주인의식을 갖고 있는가에 달려 있습니다.

사무실에서 일하다가 모르고 볼펜 한두 자루 그냥 집으로 들고 올 때가 있을 테지만 그것을 사무실로 돌려놓는 것, 그것이 곧 주인의식입니다. 나아가 집에서 쓰던 것도 회사에 도움이 되면 들고 나갈 수 있는 마음으로 회사에 다니는 것, 그런 마음들이 정말 중요합니다.

이것이 주인의식이고 크게 보면 이순신의 청렴결백한 정신과 맞닿아 있습니다.

'그런 사소한 것까지?'라고 생각할 수 있지만 우리가 아는 이순신은 그보다 더한 마음으로 세상의 편견과 맞섰습니다.

이순신이 길을 떠나면 당시에는 여비로 쌀을 지급받았는데 일이 빨리 끝나면 반드시 남은 쌀을 반환했습니다. 출장 경비를 받으면 그건 내 것이라고 생각하는 경우가 많습니다. 그걸 굳이 반납하면 주변 동료들, 상사들로부터 눈총을 받기 일쑤죠. 그런 눈칫밥을 무시하고 원칙대로 행하는 것, 그것이 정직이고 정도입니다.

초급 공직자 시절
공직의 기본을 보이다

함경도 삼수 마을이 이순신의 초임지입니다. 삼수갑산으로 불리는 오지 중 오지에서 방비와 훈련을 게을리하지 않은 결과, 상사이던 함경도 감사 이후백에게서 임무 수행을 제대로 해낸 유일한 초급 장수로 칭찬을 받았습니다.

3년의 임기를 마친 그는 한양으로 돌아와 훈련원 봉사직을 맡게 됩니다. 이미 35세였지만 그는 불평하지 않고 자신의 임무를 묵묵히 수행합니다. 어깨가 무거웠지만 그는 맡은 임무에 최선을 다했을 뿐 요행이나 도움을 구하려 들지 않았습니다.

이 시절 그는 놀라운 일로 정계의 주목을 받았습니다.

바로 병조정랑 서익과 마찰이 일어난 일입니다. 정랑 자리는 청요직으로 주로 인사 문제를 다루게 되는 자리라 늘 인사를 둘러싼 시비가 끊이지 않는 자리였습니다. 서익이 하루는 자신과 사사로운 관계의 훈련원 사람을 서열을 건너뛰어 한성부 참군(정7품)에 임명하고자 했습니다. 이순신은 주무 관료로서 이를 바로 반대하면서 "아래 서열에 있는 사람을 순서를 뛰어넘어 임명하면 마땅히 승진해야 할 사람이 승진할 수 없게 되어 이는 공정하지 않습니다. 게다가 법을 바꿀 수는 없습니다."라고 했습니다.

아무리 위협하고 강요했지만 이순신은 굳게 원칙을 고집하며 따르지 않았습니다. 온 훈련원 사람들이 일컬어 "모(서익)는 병부랑이지만 훈련원 봉사(종8품) 한 사람(이순신)에게 굴복했다."고 했습니다.

병조판서의 딸을
첩으로 받아들이지 않다

이 시절 병조판서는 김귀영이었습니다. 김귀영은 선조 때 우의정과 좌의정을 거친 관료입니다. 을묘왜변(1555년) 때 도순찰사 이준경의 종사관으로 참전해 정걸 장군과도 교류했으니 인맥이 상당했다고 볼 수 있습니다. 김귀영은 병조판서가 된 후 이순신이 훈련원에서 일할 때 이순신의 인품과 충성을 보고 자신의 서녀를 이순신과 결혼시키려고 했습니다. 하지만 이순신은 "관직의 길에 나선 내가 어떻게 권력자의 집안에 몸을 기댈 수 있겠느냐"며 사양했습니다. 이 소식을 들은 모두가 그의 올바름에 경탄했습니다.

공직자로서 이순신은 관직이 낮거나 변방이라 해서 임무에 소홀하지 않았습니다. 그는 묵묵하게 관직의 소임을 다하며 자신의 꿈을 키워나갔습니다.

윤휴의《통제사 이충무공 유사》에 이와 관련한 기록이 남아 있습니다.

이순신은 '권력자에게 알랑거려 한때의 부귀영화를 훔치는 것은 내가 아주 부끄러워하는 것'이라 했다. 그러므로 과거에 급제해 관직에 들어갔을 때부터 대장이 될 때까지 이 도리를 변함없이 지켰다. 훈련원의 낮은 관직은 업무가 하찮고 멸시당하기에 혹은 서로 꺼렸으나 순신은 의젓하게 취임했다.

오동나무 한 그루에도 추상같은 원칙을 적용

발포만호 시절 좌수사 성박이 발포에 사람을 파견해 객사 마당에 서 있던 오동나무를 잘라 거문고를 만들겠다고 병사들을 보냈습니다. 그러나 이순신은 "영내에 있는 이 나무는 나라의 재물이므로 누구도 함부로 베어 갈 수 없다."라고 단칼에 거절했답니다. 수사는 크게 화가 났지만 감히 잘라 갈 수는 없었습니다. 놀라운 배짱입니다. 이순신은 한번 세운 원칙을 절대 쉽게 허물지 않았습니다. 현재 고흥 발포에는 이 사건을 기념하기 위해 오동나무 청렴비석이 세워져 있습니다.

내 것도 아닌데 하면 끝날 일인데 그는 원칙을 지키고 불의를 물리쳤습니다.

후일 경상우병사까지 올랐던 이용은 수사에 임용되었을 때, 이순신이 자신을 부드럽고 원숙하게 섬기지 않는다 해서 벌을 주고자 했습니다. 갑자기 5관 5포의 군대를 점고했더니 나머지 4포는 결원이 많았고 발포는 3명에 불과했습니다.

이를 징계하고자 긴급 장계를 올렸는데 아래에서 이르기를 "발포가 가장 결원이 적고 이모(이순신)가 4포 결원자 명단을 갖고 있다."고 하자 떠나보낸 장계를 급하게 되돌아오도록 한 일도 있었습니다. 그러나 병부좌랑에게 밉보인 일이 화로 돌아왔습니다.

결국 이순신은 발포만호 시절, 서익이 병기감찰관으로 내려왔을 때 이순신의 군기 상태와 변기고 상황이 불량하다는 터무니없는 이유로 파직당했습니다. 1582년 1월, 부임 18개월 만이었습니다. 그러나 그해 5월 다시 등용시키라는 조정의 명령에 훈련원으로 복직했다가 앞에 나온 이용이 함경도 북청 남병사로 나가면서 이순신을 추천해 데리고 나갔습니다. 돌아보니 그만큼 믿을 만한 인물도 없었던 까닭입니다.

보통은 그런 경험이 있다면 다음부터는 불의와 타협하기에 십상입니다. 그러나 이순신은 달랐습니다. 이것이 공직자의 올바른 심성이고 주인의식입니다.

심지어 율곡 이이와 가깝다면서 한번 만나볼 것을 권유받자 그는 역시 일언지하에 거절합니다. 도대체 그는 어떤 분이길래 이런 일이 가능할까요?

자신이 옳지 않다고 믿는 일에는 어떤 불이익이 찾아온다 해도 이를 감수할지언정 결코 타협하지 않겠다는 올곧은 공직자상이요 정직과 청렴의 주인의식이라고 할 수 있겠습니다.

이런 주인의식을 갖고 기업에 속해 일하거나 경영한다는 것이 결코 쉬운 일은 아닙니다.

정돈된 인격이 갖추어져 있고 한번 결심하면 주위의 어떤 유혹에도 흔들리지 않겠다는 확고한 결단과 결심이 있는, 몇 안 되는 소수의 사람만이 할 수 있는 일입니다.

이런 분들이 나라와 기업을 경영하면 존경을 받고 독보적인 두각을 나타내는 것입니다.

한국콜마가 화장품 업계에선 후발주자로 출발했음에도 지금 업계 정상의 자리에 선 것은 임직원들의 주인의식과 경영철학을 함께 공유하고 있는 덕분이라고 생각합니다.

인문학 공부가 주는
뜻밖의 유익

인문학을 공부하다 보면 갑자기 전혀 상관없는 일들이 서로 연관지어 지는 것을 느끼게 됩니다. 인문학 공부의 보람이랄까 즐거움이라고 할 수 있습니다.

잠시 이야기를 과메기로 돌려볼까 합니다. 가을과 겨울에 많이들 먹는 과메기 이야기입니다.

저는 역사적으로 더 이상의 사료를 발견하지 못하는 한, 현시점에서 과메기의 원조를 이순신에게서 찾는 것이 맞겠다고 생각합니다. 과메기를 만드는 원재료가 청어인 것은 다 아시죠? 청어는 예부터 동해, 남해, 서해를 가리지 않고 두루 잡힌 흔한 생선이었습니다. 〈난중일기〉에는 수군들이 청어를 잔뜩 잡아다가 군량미와 바꾸었다는 기록이 나옵니다. 워낙 흔하고 값이 싸다 보니 가난한 선비들도 살찌운다 하여 '비유어肥儒魚'라는 애칭을 얻기도 했습니다.

과메기의 역사적 원류는
이순신

다음은 〈난중일기〉에 나오는 기록들입니다.

병신년 1596년 1월 4일(양력 2월 1일)〈신미〉맑다.
송한련·송한 등이 말하기를, 청어 천여 마리를 잡아다 대강 넣었는
데, 내가 나간 동안에 천팔백여 마리를 잡았다고 했다. 비가 많이 와
밤새도록 그치지 않았다.

1월 6일 [양력 2월 3일]〈계유〉비가 내렸다.
오수는 청어 천삼백열 마리를, 박춘양은 칠백여든일곱 마리를 바쳤
는데, 하천수가 받아다가 말렸다. 황득중은 이백두 두름을 바쳤다.
종일 비가 내렸다. 사도첨사가 술을 가지고 왔다. 군량 오백여 섬을
마련해 놓았다고 했다.

국립국어원 원장을 역임한 권재일 한글학회 회장(서울대 명예교수)은
제 말에 공감한다며 이렇게 이야기해 주었습니다.
"언어학적으로 관목貫目에서 '과메기'로 변화한 것으로 풀이해 볼 수
있습니다. '목'은 그 지방 사투리로 '멕'이기 때문에 '관목貫目→관멕→과

우보천리 동행만리

메기'로 볼 수 있습니다."

과거에는 끈이 없던 시절이라 가느다란 꼬챙이로 청어의 눈을 꿰어 말리던 것에서 비롯된 말에서 과메기라는 말이 탄생했음을 알 수 있다는 것입니다.

권 교수의 이야기와 당시 상황을 참조해 보면 이미 임진왜란 때도 청어를 잡아 말려 진상한 것이 기록에 남아 있을 정도로 말린 청어가 인기였음을 알 수 있습니다. 그래서 제가 말한 과메기 이순신 원조설이 현재로서는 가장 타당성 있는 주장이라고 자부해 봅니다.

또 네이버 사전을 보면 '관목어'가 경북 구룡포 쪽 방언이라고 나오고 있습니다. 해설도 "기름기가 배어나도록 말린 청어. 눈에 꼬챙이를 꽂거나 꼬리를 실로 묶어 매달아 말린다."라고 되어 있습니다.

조정에서 아무런 도움도 받지 못해 청어를 잡아 군수품으로 쓴 장군의 수고에 저절로 고개가 숙여집니다.

청어는 원래 한류 어종이라고 들었습니다. 북극해, 일본 북부, 한국 연근해 등의 서부 태평양에서 잡히는 한류성 바닷물고기인데 남해 통제영에서 잡혔다니 놀랍지 않습니까? 1592년 당시 조선을 비롯한 동아시아는 소빙하기였다고 합니다. 날이 추우니 청어가 남해로까지 내려오다가 수군들에게 잡혀 군수물자로 이용되었으리라 짐작해 봅니다.

아무도 조선 수군을 돕지 않을 때 그는 절망하지 않고 식량과 무기와 화약, 무명과 배를 수리할 목재 그리고 활과 화살을 구했으며 심지어 종이도 구했습니다.

물물교환 경제 시대의 이야기입니다.

인문학을 공부하면 이런 소소한 이야기들까지 눈에 들어오게 되어 과메기의 원조를 이순신으로 이어갈 수 있게 되는 겁니다.

그나저나 모두가 '정부 지원이 없어서…', '지자체가 해주지 않아서…' 하며 불평이 많은데 스스로 할 수 있는 것은 우리가 먼저 시작해 보는 것이 어떨까요?

200년 전
정조가 편찬한 이충무공전서를 살려내다

제가 설립한 (재)석오문화재단이 오랜 준비 끝에 2023년 봄에《이충무공전서》신정新訂 역주본을 내게 된 것도 이런 정신에서 시작한 일입니다. 석오문화재단이 그간 노력해 온 인문학 진흥을 위한 또 하나의 결실입니다.

저는《이충무공전서》역주본을 새로 출간해야 한다는 생각을 오래 전부터 하고 있었지만 워낙 방대한 작업 분량과 여러 분야의 연구자를 모아야 한다는 부담 때문에 쉬이 결정하지 못했었습니다.

《이충무공전서》는 충무공의 업적을 전하는 가장 중요한 문헌입니다.

이 책은 지금으로부터 228년 전 1795년에 정조 대왕의 어명으로 편찬된 것입니다. 사실 충무공의 공훈은 이 책의 편찬으로 비로소 제대로 역사에 길이 전하게 되었습니다. 이 책이 없었다면 이충무공은 역사 속에 파묻혀 아무도 기억하지 못하고 말았을 것입니다.

《이충무공전서》는 충무공의 공훈을 체계적으로 한자리에 모은 문헌적 가치뿐만 아니라, 누구도 견줄 수 없는 정조 대왕의 열렬한 충무공 숭모 정신의 산물이란 점을 유의할 필요가 있습니다.

정조는 규장각 각신閣臣들에게 전서 편찬을 명하고 손수 충무공 이순신의 비문을 지어 이 책의 머리에 실었습니다. 조선왕조에서 왕명으로 신하의 문집이 편찬된 예도 없거니와 왕이 신하의 비문을 지어 내린 예도 없었다는 점을 생각해 보면 정조가 얼마나 이순신을 특별히 예우한 것인지 짐작할 수 있습니다.

사실 정부가 이 사업에 예산과 인력을 투입하는 것이 마땅하겠지만 여러 경로를 통해서 살펴보니《이충무공전서》역주사업을 실행하기 위해서는 오랜 시간과 절차가 필요했습니다. 더 급한 번역사업이 기다리고 있었기 때문입니다.

그래서 이순신 연구의 가장 교본이 될 만한《이충무공전서》번역사업을 위해 미력한 힘이지만 직접 나서 보기로 결심하고 학계의 도움을 받아 3년여 만에 수억 원의 경비를 들여 발간한 것입니다.

우리 역사 중에는 이처럼 세상에 널리 선보일 인물과 사료가 여전히 많이 남아 있습니다. 저와 (재)석오문화재단은 이런 일들을 위해 더욱 노력할 생각입니다.

인문학이 가져온
소확행의
열매

저와 한국콜마가 중국 진출의 꿈을 품고 먼저 도전한 곳이 북경입니다.

중국의 수도 북경은 지금도 그렇지만 소위 강남으로 불리는 남쪽 지방보다 규제도 많고 인허가도 훨씬 엄격합니다. 그런데도 제가 남들처럼 쉬운 곳이 아닌 가장 어려운 수도를 택해 진입할 계획을 세운 것은 '북경을 뚫으면 중국 어디서라도 화장품 사업을 못 할 곳이 없다'는 생각 때문입니다.

중국에서 사업하는 한국 기업인들이 놀라곤 하는 것은 공산당이 지도하는 정부의 성격도 낯설지만 특히 지방정부의 권한이 막강하다는 점입니다. 특히 인허가 관련 권력이 남달리 드센 곳이 지방정부입니다. 북경도 지방정부 중의 한 곳이고 사실 수도라서 더하면 더했지 덜하지 않습니다.

서울특별시장이나 도지사의 막강한 권한을 생각해 보면 알 수 있는 일입니다.

당시 한국콜마가 건물을 세우고 싶은 곳은 회유怀柔(화이러우)구 안서라는 지역이었습니다. 회유는 번자체로는 '懷柔'라고 씁니다. 안서雁棲는 기러기 '안' 자에 깃들일 '서' 자로 씁니다.

어떻게 하다 보니 회유구 부구청장을 만날 수 있었습니다. 부구청장이면 북경에선 절대적인 인허가의 권한을 가진 인물이라고 들었습니다. 저는 그분께 '회유'라는 이름을 어떻게 짓게 되었는가를 물었습니다. 물론 제가 가진 인문적·역사적 호기심이 작동한 탓이기도 했습니다. 궁금한 것은 못 참기 때문입니다. 그런데 지명의 연유를 물으니까 8대를 거기서 살았다는 부구청장이 멋쩍어하면서 "우리 지역에 오는 수많은 외국 투자자 중에 그걸 물어본 분은 윤 회장님이 처음입니다."라고 하더군요. 그러면서 잘 모르겠으니 알아보고 다음에 오시면 꼭 알려주겠다고 약속했습니다.

원래 동아시아에선 지명을 쓸 때 역사적·지리적으로 쓰는 경우가 많습니다.

반드시 유래가 있어서 그런 지명을 쓰는 겁니다. 하서, 하북, 산서, 산동 등의 지명도 그렇게 작성된 겁니다. 그런데 회유라는 말은 지명에 쉽게 쓰기 어려운 말 아닙니까?

저는 사실 '회유'라는 단어에 푹 꽂혔습니다. 회유란 말은 잘 어루만져 달래 주다는 뜻 아닙니까? 지명을 쓴 이유를 그도 모른다니 좀 답답

했습니다.

어쨌든 6개월 후 공장 건설 때문에 인허가 문제를 해결하기 위해 제가 다시 북경 개발부에 들어갔습니다. 일이 잘 풀리지 않고 있었기 때문입니다. 그때 만난 개발부 총경리가 "부구청장이 윤 회장이 들어오시면 꼭 자신을 만나고 가시라고 했다."라며 붙잡지 않겠습니까? 그것도 본인이 밥을 사겠다는 겁니다.

그를 만났더니 화과火鍋(화궈)를 사면서 지명의 연유를 설명해 주었습니다. 그는 이렇게 이야기했습니다.

"투자자들은 대부분 북경에 들어오면 여기서 돈을 벌 수 있는지, 수익이 제대로 나올지, 인허가는 어떻게 될 것인지 궁금해합니다. 그런데 윤 회장님은 제게 처음으로 우리 지역의 유래를 물어보셨습니다. 그 유래를 제가 8대나 살면서도 몰랐던 것이 부끄럽기도 하고 외국에서 오신 분이 물어보는데 대답도 못 한 것이 무척이나 미안했습니다. 그래서 북경대학 청화대학을 다 뒤져서 드디어 우리 고장의 유래를 알게 되었습니다. 지금 드린 자료는 바로 그 유래에 대한 설명문입니다."

그 자료를 보니 과거 후금(청나라 전신) 말기, 청군이 팔기군을 만들어 전투를 하며 여기저기 휩쓸고 다녔는데 군사들이 마을에 들어가기만 하면 주민들을 다 죽이고 갔다고 합니다. 전투 지역이 바로 만리장성 안쪽으로, 만주로 가는 만리장성, 열하 승덕으로 가는 길 입구였습니다.

그랬는데 팔기군 내부에서 그렇게 다 죽이려 들면 전투가 치열해지고 저항도 강해지니 그러지 말고 회유를 시키자는 이야기가 나왔다고 합니다. 그래서 지역 주민과 명나라 병사를 설득하고 회유하기 위해 사람을 보냈는데 그곳이 바로 안서입니다. 즉 현지인을 회유하기 위해 아군측 인력을 살게 한 데서 유래한 지명입니다.

그리고 부청장은 개발부 부하직원들에게 이렇게 지시했다고 합니다.

"한국에서 이 어른이 오시면 무조건 만나 뵙자 해라. 내가 식사를 낼 테니 부담 갖지 말고 오시라고. 또 예를 들어 애로가 있거나 어려운 점들이 있다 하면 뭐든 다 도와드려라. 내가 책임질 테니 도울 일이 뭔지를 찾아봐라."

20억 원을 빌려주게 한
인문적 호기심

저는 사실 그때 북경에서 여러 가지 어려움을 겪고 있었습니다. 가슴 덜컥할 만한 일도 적지 않았고요. 남의 나라에 건물과 공장을 세우는 게 어디 그리 쉬운 일입니까?

"북경에서 공장(집)을 지으려면 업(업종) 허가가 있어야 한다고 했습니다. 그런데 웃기는 것은 업 허가를 받으려면 건물이 있어야 한다는 거예요. 이런 모순이 어디 있습니까?" 하도 답답해서 북경 지방정부에 가서 이야기하니까 40대 국장이 나왔어요. 그에게 하소연했습니다. "지금 북경 정부가 내린 지침은 닭이 있어야 달걀이 있고 달걀이 있어야 닭이 있는 상황입니다. 이래서야 어떻게 중국에 투자를 하겠습니까?"라고요. 답답하니 읍소라도 한 것이죠.

그는 외국에서 공부한 똑똑한 사람이더군요. 그가 이야기를 한참 듣더니 "아 그렇군요. 제도적 모순이 있어서 그렇습니다. 건축을 먼저 하셔도 될 것 같습니다. 내년도 중국 양회(한 해 중국 정부의 경제·정치 운영 방침이 정해지는 최대의 정치행사)가 열리는데 여러 가지 논의사항 중에서 특별히 이 문제도 거론될 전망입니다. 거기서 이 문제를 논의하면 개선책이 나올 테니 염려 말고 건축하셔도 됩니다."라고 해서 개발부 말을 듣고 건축을 시작했어요. 그래서 공장 건축에 20억 원이 들어갔고 더 투입하며 투자를 가속할 상황이었는데 갑자기 브레이크가 걸려버렸습니다."

한국콜마가 들어간 곳, 회유구 안서 마을은 북경시에서 눈에 띄는 녹지 지역입니다. 서울에서 도봉구처럼 녹지가 많은 곳이고 북경에서 가장 동북지역에 위치한 곳입니다. 거기서 건축을 한참 진행하고 있는데 북경시 다른 부서에서 불법건축물을 단속하는 항공 촬영을 하면서 저희 한국콜마 건물이 덜컥 찍혀버린 것이었습니다.

당연히 불법건축물이 되어버렸겠죠?

그렇게 되면 중국 법으로는 몰수하는 것이 원칙이라고 들었습니다. 그러면 불법건축물을 몰수하고 공매를 한 다음 공매받은 돈만큼은 건물주에게 돌려주는 것이 법규라고 했습니다. 물론 벌금은 물리고 투자비는 공매한 금액만큼 돌려주는 것이죠.

벌금 문제는 개발부와 협의하면 될 것 같은데 건축 중인 건물이 문제가 될 것이 분명했습니다. 결국 담당 부서를 찾아 클레임을 걸었습니다.

"부구청장을 믿고 너희가 하라고 해서 한 건데 이 사달이 나지 않았냐?" 했더니 개발부 측에서 의논해 보더니 이렇게 결론을 내려줬습니다.

"우리가 몰수하고 공매하는 절차를 진행하긴 하지만 다른 기업들이나 민간이 이 건축물 공매에 참여하지 못하게 할 테니 당신네 회사가 들어와서 공매에 참여하고 다시 합법적으로 건물을 지으시면 되겠습니다."

문제가 잘 풀리게 되었지만 또 다른 벽이 기다리고 있었습니다. 바로 공매대금이었습니다. 그때까지도 20억 원이 들었는데 또 공매대금으로 북경에 20억 원 가까운 대금을 들고 들어가야 하는 문제가 생겼기 때문입니다.

국내 은행들에 손을 벌려보았지만 어렵다고 손사래 쳤습니다. 북경의 산업은행 등을 찾아갔지만 자신이 없다고 했습니다. 한국콜마도 북경에 맨땅에 설립한 상태라 그때까지 수익도 없었습니다. 돈을 만들어도 외환 관리법으로도 문제가 될 것이 분명했습니다.

할 수 없이 제가 개발부에 찾아가서 이 문제를 다시 의논했습니다. 그랬더니 "좋습니다. 그러면 우리가 20억 원을 빌려줄 테니 그 돈으로 건물을 낙찰받고 대금을 납부하면 우리가 그 돈을 되찾아가겠습니다."라고 하더군요.

이자도 없고 무슨 다른 요구나 조건도 없었습니다. 자신들이 지으라고 했으니 그 문제를 자신들이 책임진다는 식이었습니다. 개발부는 땅을 파는 부서라 돈이 있는 데다 부구청장이 보증하니 선뜻 돈을 내준 것이었죠.

그야말로 기적 같은 일이 벌어지면서 북경에 한국콜마가 들어가게 되었습니다.

저의 작은 인문적 호기심이 낯선 나라 북경 개발부 부구청장의 마음을 움직이면서 도저히 해결할 수 없었던 일을 가능케 만들어버린 놀라운 기적이 일어난 것이었습니다.

인문학이 가져온 소확행의 열매였습니다.

한국콜마 창업주 윤동한 회장의 인문경영

우보천리 동행만리

초판1쇄 발행	2023년 12월 15일
지은이	윤동한
펴낸이	신민식
펴낸곳	가디언
출판등록	제2010-000113호
CD	김안빈
마케팅	이수정
디자인	임경선
주 소	서울시 마포구 토정로 222 한국출판콘텐츠센터 401호
전 화	02-332-4103
팩 스	02-332-4111
이메일	gadian7@naver.com
홈페이지	www.sirubooks.com
ISBN	979-11-6778-117-8(03320)